领导力

领导者性格与知人善任

POWER

HOW LEADERSHIP STYLES IMPROVE TEAM PERFORMANCE

李海峰 著

中央党校出版集团 大有书局

图书在版编目 (CIP) 数据

领导力：领导者性格与知人善任 / 李海峰著 .
—北京：大有书局，2020.11（2025.6 重印）
ISBN 978-7-80772-012-6

Ⅰ . ①领…　Ⅱ . ①李…　Ⅲ . ①企业领导学
Ⅳ . ① F272.91

中国版本图书馆 CIP 数据核字 (2020) 第 183060 号

书　　名　领导力：领导者性格与知人善任
作　　者　李海峰　著
责任编辑　康会欣　叶敏娟
责任印制　耿中虎
出版发行　大有书局
　　　　　　(北京市海淀区长春桥路 6 号　100089)
综 合 办　(010)68929273
发 行 部　(010)68922233
经　　销　新华书店
印　　刷　北京盛通印刷股份有限公司
版　　次　2020 年 11 月北京第 1 版
印　　次　2025 年 6 月北京第 6 次印刷
开　　本　165 毫米 ×235 毫米　16 开
印　　张　16
字　　数　180 千字
定　　价　68.00 元

李海峰

领导力 · DISC

李海峰 DISC

微信 HFdisc
邮箱 hafid@126.com

1 知名培训师和企业顾问

深交所独立董事资格
深交所董秘资格
上交所董秘资格

授权讲师资格：
《情境领导》
《变革领导力》
《领越领导力》
《团队协作五项障碍》

认证教练资格：
《赋能教练》
《商业教练》
《4D 领导力教练》

2 DISC 的践行者和推广者

2018 年，DISC 理论原型经典名著《常人之情绪》出版 90 周年，全球首发中文版，第一译者

2019 年 8 月，作为“DISC+”社群联合创始人，已认证了 5000 多名专业的 DISC 讲师和顾问

2019 年 12 月，推出线上收费课程《21 天人际关系训练营》，首期学员过万人，荣登喜马拉雅 FM“123 知识狂欢节”冠军

3 领导力开发研究者和传播者

2009 年，第五届泛珠“9+1”市长论坛青年创业峰会主讲嘉宾

2010 年 5 月，《人力资源管理》杂志封面人物

《DISCOVER 自我探索》《DISC 职场人格测试》《赢得欣赏：在社交圈收获好人缘》等畅销书作者

2019 年畅销书《我为什么看不懂你（第 3 版）》发行，获得 2019 年除夕夜当当网心理学新书榜第一名

请搜索公众号：李海峰 DISC　回复：领导力

获取本书相关资料，包括但不限于：

- 本书所有的章节手绘视觉呈现高清图
- 个人、团队 DISC 报告测评和使用指引
- 李海峰老师精彩演讲和电视节目视频
- 李海峰老师内训和万人训练营课件

序

我看过奥美的一篇文章《我害怕阅读的人》，受其启发，模仿其创意成文为序。

我慢慢发现，我越来越害怕掌握 DISC 的人。我就像一名催马行进在比赛跑道上的骑士，感觉胯下的马已经不听使唤，身边却有越来越多的对手人马合一呼啸而过。

我害怕掌握 DISC 的人。我羡慕他们目标明确，我羡慕他们广受欢迎，我羡慕他们善解人意，我羡慕他们思维缜密。而我，被人批评专横霸道，嘴上没毛，任性拖沓，吹毛求疵。更恐怖的是，有些和我一样有这些缺点的人，经过向那些掌握了 DISC 的人学习，也开始脱胎换骨。我放不下面子，丢不开成见，只能假装无意靠近，听到只言片语："没有优点，没有缺点，都是特点。了解自己，发展自己。"

我害怕掌握 DISC 的人。他们像战场上的拿破仑将军，像演讲中的克林顿总统，像民族解放运动中的"圣雄"甘地，像讨论工作时的比尔·盖茨。而我，总被取笑。而我，常常把家当战场，永远不承认自己可能是错的，却在公司老是头脑发热做了许多面子工程，在别人需要安慰的时候我在讲道理，该保护自己界限的时候却一味退让。我在嘴硬说坚持自己做自己就好，但心里真的很想和掌握了 DISC 的人一样保持弹性，选对位置，切换模式，用好特质，发挥优势。

我害怕掌握 DISC 的人。他们有赏识他们的上司，有喜欢他们的朋友，有跟随他们的团队，有指导他们的教练。而我，在烧香拜佛，祈求路遇贵人，良缘天成，呼风唤雨，瞬间得道。我一直在祈祷运气是否能更好一点，他们却靠自己的能力获得自己的幸福、快乐和成功。更可气的是，我听别人说，他们曾经讲过：别人怎么对待你，是你教会他们的。我有对自己深深的愧疚感。

我害怕掌握 DISC 的人，尤其是，还在继续自我探索的人。

目　录

引言

企业人才好不好，关键在领导

我们在服务企业的过程中，发现一个规律：不论是大企业还是小企业，成功的经验存在很多相通的地方，其中最重要的也最一致的是离不开人才的支撑。可是人才不是自动产生的，人才是让具有领袖特质和其他专业特质的人发挥各自应有的作用；每个人都可以成为人才，但每个企业都缺人才，我们许多人也常常感叹怀才不遇。孟子讲得好，“行有不得者，皆反求诸己”。我们做任何事情，如果过程不是想象的那样，如果没有达到预期的效果，就要从自身来看有没有问题。

有位女士经过一个便利店，店里有只鹦鹉。鹦鹉看到她说：“哇，你好丑啊。”女士很生气，因为女人被评价相貌如同男人被评价收入，评价高了很开心，评价低了很窝火。第二天，这位女士再次经过，鹦鹉又开始叫：“哇，你好丑啊。”女士无法容忍事情继续下去，因为她不知道这只鹦鹉会在什么时候用多大音量对多少人讲这句话，所以女士抓住它，边咒骂边痛打了它一顿。第三天，鹦鹉已经领教到了厉害，因为伤还在背上，它看到女士就紧张地缩起脑袋。鹦鹉不叫了，可是女士来劲了，跑过去找鹦鹉说话。就像在公司里，人家一直欺负你，你感觉很委屈，可是一直不敢直白地表达意见，有次突然爆发了，大家都被吓住，接下来行为有所收敛，但是否达到本质上的转变，就要看继续施加的是什么了。在这个时候，女士看着鹦鹉，挑衅地说："小样，怎么不说话了？""你知道我想说什么，"鹦鹉抬头看了她一眼，"你好丑！"于是女士暴跳如雷。其实，鹦鹉最后那半句话说出来没有？很可能没有。那么，声音是从哪里来的？是从她自己心里来的。

在企业经营的过程中，在每个人的生活和工作中，常常会碰到类似的情况，外在的东西之所以会对一个人施加影响，是因为在他心里有这么一个声音。一个人对外在的即时反应和表现出来的行为风格，往往源于他业已形成的心智模式和行为倾向，换言之，外在事物之所以对他产生影响，其中很重要的一个因素就是他自己。

佛经上讲因果，讲缘起性空，因果之间的联系是缘。缘是事物发展的随机性，这随机性中包含着偶然性和必然性，外在的事物会达成某个果是因为有个内在的因，这个因从科学的角度讲就是你自己本身。举一个例子，有位女士身高一米七五，在女性中属于比较高的了吧，如果一天有人骂她"死矮子"，你猜会不会对她产生影响？一定不会，她会这样想："我一米七五，身边大多是一米六五以下的，我怎么会是矮子？要么是你视力有问题，要么是你智力有问题，和你这样的人生气太无聊了。"

许多时候就是这样：你对敌人很生气，是因为你没有百分之百的把握战胜敌人；你对朋友很生气，是因为你还在乎朋友；

你对下属很生气，是因为你觉得看错或用错了人。所以对于领导者来说，具有知人善任的能力很重要，这是一家企业人才形成的关键所在。

为什么从人际敏感度说起

在设定目标之后，达成目标的途径很多，然而每个人的情况都不相同，如何为了达成目标而实现协作配合，人际敏感度就显得非常重要。比如今天我坐在这里，我的一个朋友要开车过来接我，我在告诉他怎么到达这里之前，他一定会问我一个问题，而我也要问他同样的问题：“你在哪里？”他要知道我在哪里，才能明确自己的目的地；我要知道他在哪里，才能告诉他怎么最快捷地到达目的地。人也一样，了解自己是发展自己的基础，我们设定了一个目标，却不知道对方目前所在的位置，也不知道他目前可以接受的方式，因而很难有效地协助他到达目的地。

人际敏感度有两个层面：第一个是感性层面的人际敏感度。感性人际敏感度主要来自直觉，与天赋和经验有关，然而在具体的情境下往往不能提供有效的解决方案。第二个是理性层面的人际敏感度。理性人际敏感度建立在理性分析和科学判断的基础之上，与天赋和经验的关系不大。

当对人的性格特质的敏感上升到理论层面时，我们的认知就不再表现为无意识的本能反应，而是理性客观地观察自己和他人的行为风格，这是“知人”；进而为每个人找准各自的位置，促进团队的有效互动，这是“善任”。把“知人”与“善任”有效结合在一起，这就构成了领导力的主体内容。

什么是知人善任

知人
认识自己
了解别人

善任
把个人放对位置
让团队有效互动

所以，本书要从如何增强你的人际敏感度谈起，借助 DISC 行为风格理论和案例学习等有效工具，以提升你的领导力为目标，让你用能力而不是运气取得成功。

什么是知人善任

人际敏感度为领导力的研究打开了一扇门，而领导力最终要通过知人善任体现出来。

知人包含两个方面：一是认识自己，二是了解别人。老子在《道德经》中说：“知人者智，自知者明，胜人者有力，自胜者强。”认识自己是大智慧，有助于你选对位置，只有在对的位置，你才能防止自己的优势成为劣势，并且让自己的优势充分发挥出来。了解别人同样重要，作为领导者，了解员工是任用员工的基础；而唯有了解才能理解，你才能变得更加睿智明达，在任用员工过程中得心应手。

善任也包括两个方面：一是选贤与能，把人放对位置；二是讲信修睦，让人在团队里形成有效互动。什么叫选贤与能？第一，选用的人要品德高尚，是君子；第二，选用的人能把事情做好，是能人。请注意，选贤与能中的“与”是推荐的意思，选贤与能意即“贤”跟“能”本身是存在的，是被挑选人本来就有的特质。与之相对，讲信修睦讲的是后天的因素，强调组成团队之后大家要充分沟通与互动。

只有把人放在对的位置，才能做到“人尽其才，才尽其用”。姚明就应该去打篮球，刘谦就应该去变魔术。而且刘谦要变手部魔术，为什么？因为刘谦的右手指明显比左手指长，这是天生的，所以做手部魔术师更有优势。然后，团队里面要形成有效互动，如果各自为政，一盘散沙，人才越多，就越有可能形成人灾，而且灾害越大。

本书的体系结构

本书分为上、中、下三篇：

上篇是知人篇。主要通过对 DISC 理论的学习来认识自己和了解别人，达到提高人际敏感度并实现知人的目的。

中篇是善任篇。集中阐释和解决了两个问题：第一个问题是如何把个人放对位置，包括团队管理、选拔人才和培训人才 3 个模块；第二个问题是如何让团队有效互动，包括教练技术和有效沟通 2 个模块。

下篇是运用篇。涵盖团队建设、企业发展、事业兴衰和家庭和谐等各个方面，主要通过历史典故、经典案例和游戏互动等形式，深入展现知人善任的智慧和艺术，以期给领导者带来深入的思考和启迪。

上篇

领导力之知人

- 行为风格理论
- DISC的内核
- DISC的挑战与优势
- 防止优势成为劣势：蜀汉创业团队成败的启示
- 调整自己的性格特质：《西游记》取经团队的启示

模块一

行为风格理论

从认识自己开始：你的行为会影响你和他人的情绪

请大家和我一起做一个动作：右手往前伸，我说“一二三”，大家把手向后扬，嘴里发两个音节“WOOSH”。一起来做一遍：“一二三，WOOSH。”再来一遍：“一二三，WOOSH。”

你知道做出这个动作的意义吗？

优秀的演讲者站在台上要解放双手，因为解放双手能够带动更多情绪。接着我们做一个简单的填词游戏。有一个成语是“仰天长啸”还是“低头长啸”？一定是“仰天长啸”，因为抬头望天容易产生高昂的情绪；而人们在思索的时候往往低着头，因为这个时候容易产生冷静的情绪。所以，一个人的行为会影响他自己的情绪，同时，我们也可以通过观察一个人的行为去了解他的情绪，这是第一个方面。

行为影响情绪

1

你的行为会影响自己的情绪

2

你的行为会影响他人的情绪

第二个方面更加重要，一个人的行为会影响他人的情绪。浪漫的男士向女士求婚时会手捧鲜花单膝跪下来，跪着求婚的最大好处是让你从行动区转到感觉区，让她慢慢去想到底要不要嫁给你；英勇的一线指挥官在号令战士们冲锋时往往会带头往上冲，他会说“同志们，跟我来”，而不是说“兄弟们，给我上”。所以，一个人的行为和情绪是密切关联的。作为一个成熟的人，尤其是一个成熟的职业人士，一个想要追求卓越的领导者，一定要对自己的行为和情绪有高度控制能力。

“WOOSH”的动作在心理学上的暗示是“让刚才的一段成为过去”。举一个例子，身在职场的你忙完了一天的工作，带着一身疲倦回到家里，你的孩子拿过来一张试卷说：“爸爸（妈妈），你看一下，我最近的课业成绩怎样？”请问，要不要把工作上的情绪和辛苦留在过去，用一种全新的状态与你的孩子相处？这个时候要把右手往前一伸，然后往后扬，嘴里要说“WOOSH”。再例如，刚刚部门开检讨会，领导提出了新的工作目标，你也发现了自己的问题与不足，可是马上有位客户来到了办公室，你要与这位客户沟通，请问要不要把紧锁的眉头打开，让思虑的情绪留在过去，用一种全新的状态去面对客户？这个时候你也一样，要手往前伸，然后往后扬，要嘴里讲“WOOSH”。

这一节你不需要学会很多，只需学会保持这个习惯就可以了。一个人之所以卓越，就在于他能养成好的习惯而摒弃坏的习惯。在你发现自己不在状态的时候，在你希望自己有更多提升的时候，你要做一个动作：手往前伸，然后往后扬，嘴里讲两个音节“WOOSH”。我们一起来做一遍：“一二三，WOOSH。”再来一遍：“一二三，WOOSH。”很多动作都是这样的，只有经常去做，才会慢慢变成你自己的习惯。

怎样才算了解别人

认识不等于了解

我们之所以要去观察别人，因为认识一个人与了解一个人是不一样的。卓越的领导者往往有过人之处，比如有的人就希望能叫出每个下属的名字。我们发现，认识一个人容易，记住他的名字，知道他在哪个部门，那么就算认识了，可是了解一个人就不那么容易。

举一个简单的例子，当了爸爸妈妈的人都知道，管理孩子的方法，管理老公、老婆的办法，和管理下属的方法在某些地方是一样的。一个还算合格的父母至少要认识自己的孩子吧？别笑，一些父母连认识自己的孩子都做不到。要认识自己的孩子，就要知道他在哪里读书，有几门功课，哪门课成绩好一点，哪门课成绩差一点。同样，怎么才算认识自己的员工？那你起码要知道他在哪个部门，主要做什么工作，他去年的考评到底是A、B，还是C。

什么叫了解孩子？他五门功课里面哪门最差，最差的原因是因为不喜欢这个老师，还是因为那门功课的理论结构他掌握起来比较困难？什么叫了解员工？知道他什么时候会离开。如果每一个上司都知道自己的下属什么时候会离开，那么他将有能力在与之共事的阶段最有效地去激发下属。在招聘团队成员的时候，我都会问一个问题：“你打算什么时候离开我们这个团队？”应聘者一定会被吓住：“你为什么要问这个问题？”我说：“那你在这里的目标是什么？”其中一位应聘者回答：“我希望有一天能够像海峰老师一样，有机会站上讲台去影响更多的人。”那么这就很简单了，我们的工作分为内场工作和外场工作，我会让他做内场工作；内场工作又有不同的分工，有些是文字方面的，有些是讲师互动或学员调研方面的，我一定让他做后者。因为我非常清楚地知道一件事情：我的每一个团队成员，他不单是在为工作而工作，他不单是在为我工作，他也在成就自己的梦想，通过承担自己的责任，一起推动整个

> “什么叫了解员工？知道他什么时候会离开。”

部门完成组织使命。

你是管理付出，还是激发投入

认识和了解最大的区别在于我们的出发点不同：一个是管理目标对象的付出，一个是激发目标对象的投入。管理付出是什么？对管理孩子而言，你希望他的学习成绩变得更好，所以你要求他每天多做 20 道题，这 20 道题他必须得做，因为不做你不让他睡觉，不做你不给他零花钱。员工也一样，达不到绩效就请他离开，达到绩效就给他奖励。

我请教大家的问题是：在孩子做完第 20 道题之后，他会不会去做第 21 道？会，如果第二天只需做 19 道；会，如果周末给他玩耍的时间更多，给他的零花钱更多。所以在管理下属的时候就要给他设定一个看得见的目标，他为了达成目标就有可能再往前冲。但是免不了有些人开始谈条件：“可以啊，我可以往前冲一点，那你奖金是不是要多发一点？”这个叫管理他的付出。那什么叫激发他的投入？今天玩游戏，游戏共 5 关，他玩得热火朝天，过了第 3 关，在你不对他施加任何影响的情况下，他仍然会主动去玩第 4 关，因为他很有成就感，很想把游戏通关。如果只是认识一个人，我们就只能管理他的付出；如果能够了解一个人，我们就有机会激发他的投入。我们要让每个人担负起自己的责任，通过自主激发的热情让大家一起完成整个

> **“如果只是认识一个人，我们就只能管理他的付出；如果能够了解一个人，我们就有机会激发他的投入。”**

组织的使命，这对领导者来说非常重要。

提升你的人际敏感度

我们要提升人际敏感度，光靠“认识”还不够，还要更加敏感，要达到“了解”的程度。一个具有很高人际敏感度的人，可以做到见面观察一个人之后，就立刻了解这个人。我们发现，人际敏感度体现在以下三个从低到高的层面：第一，能否识别，即观察不同性格特质的人做出的不同反应；第二，能否运用，即知道什么是你的目标对象想要的；第三，能否管理，即知道什么是你的目标对象能够接受的。

人际敏感度的三个层面

能否识别

观察不同性格特质的人做出的不同反应

能否运用

知道什么是你的目标对象想要的

能否管理

知道什么是你的目标对象能够接受的

能否识别

举一个服务性行业的例子。在买衣服的时候，大家可能都有这样的经历：进入一家服装店里，通常都会有一个迎宾对你说“欢迎光临”。可是你会发现，成熟的销售人员与不成熟的销售人员是不一样的：不成熟的销售人员把“欢迎光临”当作简单的客套，只是做出欢迎的样子就没有后续了。可对成熟的销售人员来说，花同样的时间做出欢迎的动作之后，他的人际敏感度就体现出来了，他会观察每一位顾客的不同反应。有些人听到迎宾说欢迎光临时的表情是淡淡的，甚至是没有表情的，也有些人听到后会给出热情的回应说“呵呵，你好，你好”。我们的同事也是一样的，当我们向同事打招呼的时候，他们的反应很可能也是不同的。

能否运用

成熟的销售人员会根据自己的观察采取不同的应对举措：如果顾客听到“欢迎光临”就像没听到一样或者只是轻轻点头，他就会留出一个合适的距离，说声“请”，然后让顾客自己去挑产品，但随时关注顾客。当顾客做出选择的时候，他会留意顾客是翻价牌还是翻衣服，等顾客头一抬他就走过去问道：“先生（美女），有什么可以帮您？”如果顾客一上来就非常热情地给予回应，这类顾客比较适合贴身陪同，成熟的销售人员就会热切地招呼顾客：“姐，您这件衣服真的挺好看的。”或者是：“哥，您这件衣服一看就是名牌。”通过诸如此类的话，就从识别进入了运用。我们也是一样的，在和同事沟通的过程中，当我们正确地识别不同人的不同反应的时候，就能知道什么才是目标对象想要的。

能否管理

作为一名领导者，仅仅知道什么是下属想要的还不够，还要知道什么是下属能够接受的。还是拿卖衣服举例，VIP 是每个销售人员都应该重点关注的人群，某位 VIP 女顾客的 I 型特质（模块二将具体讲）很高，她一进来就很愿意与人聊天，遇到什么新衣服都喜欢试一试。有 VIP 过来是好事，可是她喜欢试衣服这个行为不一定是好事。如果现在店里一个人都没有，她喜欢试衣服就非常好，因为无形中帮助店里招揽了人气；可是如果现在很忙，新品刚上市，来了很多新顾客，她还想试很多衣服，很可能就不是好事了，因为这要分散你很多精力，而且如果你没把她照顾好，只去管那些新顾客，她很可能就不开心。这个时候，你就要有能力管理她，你需要知道对于她这样的性格特质，怎么说话才能引导她。如果是第一种不忙的情况，你就应该非常热情地对她说："姐，来了新货，不用急，我们一件一件来试。"如果是第二种非常忙的情况，那么就要这样说："姐，我招呼不过来您，不过这三件看起来最适合您，先试试这三件。"然后把她推到试衣间。这个叫管理。

研究行为风格的两个基础

当你具有一定的人际敏感度，你就可以观察不同性格特质的人做出的不同反应，能够知道什么是你的目标对象想要的，并且知道什么是你的目标对象能够接受的。人们常说千人千面，但不同面孔的人呈现的行为风格是有规律性的，换言之，同类人群的行为风格一定是有共性的。研究人的行为风格的基础有两个：第一，行为是有倾向性的。如果一个人的行为本身没有倾向性，那就不值得研究了。正因为行为有倾向性，所以法约尔说“管理就是预测、计划、组织、指挥、协调和控制”，他把预测放在了管理的首要地位。当人的行为有倾向性的时候，我们虽然不能保证这个人每次都这样，但是他大部分情况都是这样的，所以我们要强调的第二个基础就是，我们的研究方法一定要有科学性，是能站得住脚的。

行为的倾向性

人与人真的是不同的，但在界定范围（进行有限选择）的情况下，不同之中又必然呈现相同的倾向。我说“一二三”，请大家十指交叉握在一起。握好之后会发现，小部分人是左手大拇指在右手上面，大部分人是右手大拇指在左手上面。右手大拇指在左手上面的，左脑比较发达（因为左脑管右手，右脑管左手），这样的人思维比较严谨，通常更容易在事业上取得成功。左手大拇指在右手上面的，右脑比较发达，这样的人情感比较细腻，家庭生活通常幸福美满。留意一件事：当你听到这个结论的时候，你的内心反应是什么？有些人的反应是“算你厉害，眼光独到，看出来了”；有些人觉得“有什么了不起的，不就凑巧吗”。你是个领导者，你在多大程度上能包容别人与你的不同，决定了你有多宽的平台可以与其他人互动。

上面的说法有没有科学依据暂且不论，多给自己一些积极正面的暗示，往往是好事。我们再来一次，十指打开，我说“一二三”，请十指交叉握在一起。握好之后，大家留意一下，现在的握法跟刚才的握法一样吗？大部分是一样的，这个就叫行为的倾向性。

我们去了解一个人，在观察他的时候，看到的是他的倾向性，但是一个人的行为是可以调整和改变的，特别是在有意识的情况下。我们强迫自己再做一次，用不习惯的方式把十指交叉握在一起，刚才左手大拇指在上面的现在强迫自己右手大拇指在上面，刚才右手大拇指在上面的现在强迫自己左手大拇指在上面。握完之后，你的感受是什么？别扭，不舒服，不习惯。左手大拇指在上面或者右手大拇指在上面，是没有好坏对错之分的，可你就是会别扭、不舒服、不习惯。

行为风格小游戏：两手交叉握

规则 十指交叉握在一起，观察哪只手的大拇指在上面

结果 右手大拇指在上 → 左脑发达，事业成功
左手大拇指在上 → 右脑发达，家庭幸福

启示 两次握手的情况往往一样，说明人的行为具有倾向性。左手大拇指在上面或者右手大拇指在上面，是没有好坏对错之分的，可是当反过来握的时候你就是会别扭、不舒服、不习惯。握手是这样，看人也一样

握手是这样，看人也一样。大部分没有经过训练或自我意识较弱的人，他们的倾向都这样：看到有些人就觉得很顺眼，“嗯，这应该是个好人”，哪怕找自己借钱也不用写借条；可是还有些时候看到一些人，就觉得讨厌死了，连在一个房间呼吸同样的空气都觉得是对自己的侮辱。这么说可能有些夸张，但我要提醒大家的是，如果你是一名销售人员，一个管理者，一个协调者，或者一个领导者，这个人刚好就是你看着感觉比较舒服、比较喜欢的，这是好事，是运气。那什么是能力？哪怕我看你

不顺眼，你也看我不顺眼，但是我还是有能力与你沟通，而且不影响我最后的工作绩效。这就是能力。能力掌握起来并不难，在意识到了之后不断地练习，你的能力就能显著提高。

研究的科学性

我们用的是科学分类的方法。在没有建立“坐标系”的时候，你会发现描述一个人很困难。举一个简单的例子，下面这张图如果只看左边，不受颜色的限制，你会怎么定义它？有人说是太阳，有人说是蛋黄，有人说是零，有人说是句号，有人说是气球……我有次在马来西亚讲课，只有两个小时，我上来就让大家看这张图片，在场有的人说像个肉包，有的人说像个馒头，有的人说像个鸡蛋，一看就是一群没吃早饭的。

在没有清晰的“坐标系”的时候，人们常常只会用自己当前的状态和感觉去描述目标对象。如果我现在直接问你，某某同事怎么样，某某老师怎样，你很可能调动的是你最近的状态去对他进行描述。这是不够全面的，难以称得上客观。而在你建立“坐标系”之后，你就有能力较为全面、客观地去描述他。再来看上图中的右边，建立“坐标系”后，左边是三角形，右边是正方形，中间就很可能是圆形；左边是逗号，右边是感叹号，中间就很可能是句号；左边是母鸡，右边是小鸡，中间就很可能是鸡蛋。很显然，建立了“坐标系”之后，你就有能力更好地去描述一个事物。

行为风格小游戏：描述一个圆

规则	描述图中画的圆（不受颜色限制）
结果	左边是三角形，右边是正方形，中间就很可能是圆形；左边是逗号，右边是感叹号，中间就很可能是句号；左边是母鸡，右边是小鸡，中间就很可能是鸡蛋
启示	在没有清晰的“坐标系”的时候，人们常常只会用自己当前的状态和感觉去描述目标对象。而在你建立了“坐标系”之后，你就有能力更好地去描述一个事物

模块二

DISC 的内核

认识自己、了解别人的工具有很多，我们在这里给大家介绍的是 DISC 理论。

DISC 理论源于马斯顿博士于 1928 年出版的 *Emotions of Normal People*（《常人之情绪：DISC 理论原型》，2018 年由李海峰等译）。时至今日，DISC 理论已经风靡全球，成为全球广泛采用的行为测评工具。超过 80% 的世界 500 强企业都在使用 DISC 理论选人用人，DISC 理论的有效性已经得到了数千名毕业生的全方位验证。掌握了 DISC 理论，就能判断人的行为倾向性，抓住提高人际敏感度的关键钥匙。

DISC 理论给我们提供了两个非常好的行为风格分析维度：第一个维度是关注事 / 关注人；第二个维度是直接 / 间接（或者说行动快还是行动慢）。

维度一：关注事，还是关注人

第一个维度，要看一个人在行为风格上的关注点是任务导向的（即关注事），还是人际导向的（即关注人）。如果是任务导向的，这个人在人际交流时的关注点（或切入点）往往是与事有关的，喜欢就事说事、以理说事，表情也相对严肃一些；如果是人际导向的，这个人在人际交流时的关注点（或切入点）往往是与人有关的，喜欢就人说事、以情说事，更愿意与人分享和沟通。

我在香港浸会大学给香港的中小学校长做培训的时候，曾经做过这样的测试：“你们都是各个学校的校长，假设我是一名班主任，向各位校长汇报情况：‘报告校长，班上两个小朋友在打架。’如果你们想进一步了解情况，请告诉我你们想问的第一个问题是什么？”有人说“为什么打架”，有人说“有没有受伤”，这就是两例典型的不同导向。问“为什么打架？处理得

行为风格的两个维度

1

关注事 / 关注人

任务导向，还是人际导向

2

直接 / 间接

喜欢单刀直入（行动快），还是喜欢委婉过渡（行动慢）

怎样？这件事情为什么还在发生？为什么你还在这里？”这类问题的，是更加关注事的；而问“小朋友有没有受伤？其他小朋友什么感觉？家长什么反应？”这类问题的，是更加关注人的。

小测试：你是关注事，还是关注人？

情境 你是校长，班主任汇报有两个小朋友打架，你问的第一个问题是什么？

解析 为什么打架？处理得怎样？这件事情为什么还在发生？为什么你还在这里？→ 更加关注事

小朋友有没有受伤？其他小朋友什么感觉？家长什么反应？→ 更加关注人

对应的团队管理原则：打配合，做组合

问题来了：关注人的校长比较好，还是关注事的校长比较好？答案是不一定。都好，但就怕管理团队的成员只属于一种风格类型。一个团队要有效地对人的行为特质作综合运用，运用的原则叫“打配合，做组合”。

维度一对应的团队原则

打配合

做组合

管理团队成员的行为特征要多元化，关注事的与关注人的相互配合

我去过很多企业，特别是在一些民营企业，我发现企业高管之间的“打配合，做组合”非常重要。举一个例子，某家公司的董事长是更关注事的，以致员工都不太敢跟他在一起交流，因为一交流就会谈任务指标。这家公司的副董事长是

更关注人的，员工就喜欢跟他聊天，甚至失恋了也可以找他来寻求安慰。在这家公司，每个员工都害怕去董事长那里，可是又必须去，人还没坐下来，董事长就开始拍桌子。有位员工说得很形象，人还没站稳，刀就砍过来了，先砍你的脑袋，接着砍你的手，然后砍你的脚，砍完你的手和脚后连帮你收拾断手断脚都不肯，那你自己就断手、断脚、掉脑袋地离开办公室。员工出了办公室的第一想法是赶快走开。如果公司只有这一类砍人的，那整个管理团队的多元化程度就不能说好。副董事长办公室是在董事长办公室旁边的，听到旁边噼里啪啦响了很久，早已经看出头绪并时刻关注着，只要看到有断手、断脚、掉脑袋的人经过，就会走上去把那个人拎进来，按到自己的办公桌前，放在椅子上就开始缝上手、缝上脚、安上脑袋，再拍拍肩膀说："放心，下次拆装更容易了。"这个叫"打配合，做组合"。

作为一名领导者，你要想的是，你有没有这种胸怀，容忍与你不同性格特质的人并且把他请过来，和你一起组成管理团队。作为一名普通员工，你要想，你的领导是什么类型，你怎么才能成为他不可或缺的左右手。如果他比较关注人，你就要在任务的事情上做得更细；如果他只谈工作（事），其他同事的一些思想问题就可能要你去协助解决。你的位置不同，所采用的行为方式也不同。

不要把关注事或人与是否有人情味儿直接挂钩

对于初学者来说，容易陷入的一个误区是，他们会认为相对于关注事的人，关注人的人更有人情味儿。必须指出，在行为风格上关注事或者关注人与这个人是否具有人情味儿没有必然联系。就是说，关注事的人未必缺少人情味儿，关注人的人未必更有人情味儿。行为风格上的关注点主要反映人的外在表现，而是否具有人情味儿主要是人的内在特质。外在表现一定程度上是内在特质的映射，但行为风格并不与是否有人情味儿直接挂钩。DISC 理论认为 D、I、S、C 四种行为风格在每个人的身上都有精彩的体现，每个人都有一个占主导的行为风格，而且每种行为风格各有自己的优势和挑战，并无优劣高下之分，不涉及对人的内在特质如善恶、好坏的评判。事实上，通过深入学习 可以看出，行为风格上更关注事的 C 型人较为冷静，往往具有更为专注和深沉的情感；而行为风格上更关注人的 I 型人较为张扬，往往具有更加丰富和多彩的情感。

维度二：直接（快），还是间接（慢）

第二个维度，有些人的行为风格是快和主动的，有些人的行为风格是慢和被动的。

注意，行为风格的慢也可以说行动慢，但并不是说一个人反应慢或者理解能力不好，而是指遇到事情的时候他会想一想，采取的行为方式较为间接、委婉，不会单刀直入，在一定程度上显得较为被动。

假设一个情境，你是老板，你的部门有个叫欧阳的员工，最近他的表现特别不好，你打算好好和他谈一谈。有两种典型的谈法，第一种谈法很主动，单刀直入：“欧阳，你是怎么回事！你最近的表现让我很失望，能给我一个解释吗？”第二种谈法相对较慢，显得委婉、被动：“欧阳啊，我记得你进我们部门是我面试的，当时你穿的是一件白衬衫。你入职第一周的周五晚上我们一起去卡拉 OK，你唱完我才知道什么叫小费玉清。近来我太忙，和你的交流少了些，我也是刚刚发现你有了很大的改变，但是我不知道你改变是因为什么。能不能告诉我发生了什么吗？就当和老大哥聊聊天好了。”一直比较委婉、间接，一步步接近问题的核心。

小测试：你是行动快，还是行动慢？

情境 你是老板，有个员工最近工作状态很不好，你打算怎么跟他沟通？

解析 第一种谈法：你近来是怎么回事！你最近的表现让我很失望，能给我一个解释吗？→ 比较直接（快）

第二种谈法：记得你进我们部门是我面试的，当时你穿的是一件白衬衫。你入职第一周的周五晚上我们一起去卡拉OK，你唱完我才知道什么叫小费玉清。近来我太忙，和你的交流少了些，我也是刚刚发现你有了很大的改变，但是我不知道你改变是因为什么。能不能告诉我发生了什么吗？就当和老大哥聊聊天好了。→ 比较间接（慢）

对应的团队管理原则：从他人的角度出发

第一种谈话方式较为主动，单刀直入；第二种谈话方式较

维度二对应的团队原则

从他人的角度出发

决定谈话效果的不是你习惯使用什么方式，而是谈话对象习惯接受什么方式

为被动，委婉缓慢。两种谈话方式哪种更好？答案是：要看目标对象的接受情况。因此，要学会从他人角度出发，决定谈话效果的不是你习惯使用什么方式，而是谈话对象习惯接受什么方式。如果谈话对象是一个习惯接受快的人，你就最好直接和主动一点；如果谈话对象是一个习惯接受慢的人，你就最好间接和被动一点。

谈话对象习惯接受很快，你可以跟着快一点。如果谈话对象习惯接受很快，你却很慢，他早已知道你要说什么了，你就是不明说，碍于职位他又不能直接讲出来，他心里难免不痛快："明明砍头就行，为什么要把我凌迟处死？"如果谈话对象习惯接受很慢，你却很快，二话不说，上来就吹胡子瞪眼，他会想："我跟了你这么久，没有功劳也有苦劳啊，你竟然对我一点儿情面都不留，太让人伤心了。"你该给的补偿都给了，能做的照顾也都做了，但是事情出来后他还会愤愤不平。

不要把直接或间接和效率高低挂钩

同样需要注意的是，在行为风格上直接（快）和间接（慢）与个人办事效率的高低没有必然联系。就是说，行为风格快的人未必办事效率高，行为风格慢的人未必办事效率低。针对解决一件事情而言，行为风格上的快慢体现的主要是人的办事风格，它在一定程度上能够影响办事效率，但并不是办事效率的决定因素。DISC 理论不涉及对人的行为绩效高低的预判。事实

上，通过深入学习可以看出，行为风格快的 D 型人需要避免陷入盲动的陷阱，而行为风格慢的 S 型人却较多呈现深思熟虑的一面。有三个成语可供大家借鉴：第一，扬长避短；第二，过犹不及；第三，相得益彰。

DISC 矩阵

根据一个人是关注事还是关注人、行动快还是行动慢，我们把人的行为风格分为 D、I、S、C 四种类型，如下图 DISC 矩阵所示。

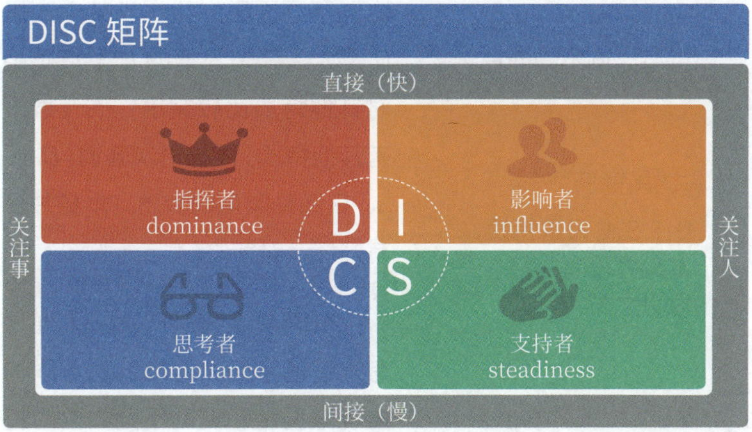

关注事而且行动快的行为风格是 D 型行为风格，简称 D 型风格；外在的 D 型风格锚定在内在的人格特质上，我们称为 D 型特质；当一个人表现出 D 型特质的时候，我们称他为 D 型风

格人（简称为 D 型人或进一步简称为 D）。同样，关注人而且行动快的行为风格是 I 型行为风格（简称为 I 型风格），其对应了 I 型特质、I 型风格人（简称为 I 型人或进一步简称为 I）；关注人而且行动慢的行为风格是 S 型行为风格（简称为 S 型风格），其对应了 S 型特质、S 型风格人（简称为 S 型人或进一步简称为 S）；关注事而且行动慢的行为风格是 C 型行为风格（简称为 C 型风格），其对应了 C 型特质、C 型风格人（简称为 C 型人或进一步简称为 C）。

三点提醒

非绝对划分

每个人身上都有 D、I、S、C 四种不同类型的特质，只是比例不同而已

无高低优劣

D、I、S、C 只是特质，本身并没有好坏、对错之分

可进行调整

在不同的情境下，你可以调整和调动自己的特质，成为自己想要成为的人

再次强调，我们运用 DISC 理论人为地把行为风格作界定，不代表一个人的身上只有单一类型的特质如 D 型、I 型、S 型或 C 型。其实每个人身上都有 D、I、S、C 四种不同类型的特质，只是比例不同而已。我们说某个人是 D 型人，只是说他的 D 型特质相对其他特质比较突出，不代表没有其他特质。同样再次强调，D、I、S、C 四种类型的特质，本身并没有好坏、对错之分。

在模块五我们知道，人通过有意识的学习，可以针对不同的情境来调整和调动不同类型的特质，成为自己想要成为的人，以在团队中形成更大的影响力。例如在西天取经的情境下，唐僧可

以从 S 变成 D，孙悟空可以从 D 变成 C。但这种幅度的调整是一种理想状态，往往需要持有大毅力，经历大考验，而且一旦形成就具有较长时期的稳定性，并不是短期内可以随意切换的。

D 型特质——指挥者

什么是 D 型特质

关注事而且行动快的是 D（dominance）型特质，又称指挥型或支配型特质。dominance 的本义是支配，代表直接、控制与独断。与 D 相关联的英文单词，同时也可以补充说明其特质的有：

· dynamic（精力充沛的）

· driving（起推动作用的）

· dictator（发号施令者）

· demanding（苛求的）

· determined（坚决的）

· decisive（果断的）

·dogmatic（自以为是的）

·defiant（反抗的）

D 型人的典型特征

D 型人既是工作上的指挥者和发号施令者，也是生活上的实用主义者。其特点是：问题导向，需要掌握状况，自尊心极高，关注事，行动快，目标坚定，使命必达，而且速度很快。

D 型人往往在组织中有极强的存在感，能同时兼顾很多事情，而且非常关注你的工作绩效。当他给你更多事情做时代表他想提拔你，当他骂你时你要主动反省自己的工作，当他与你有了更多的互动时代表他已经认错。

D 型人更看重实际成果。他们的目标明确，好胜心比较强，善于在逆境中努力完成目标。他们直接、独断，更喜欢发出指令和命令，并且说一不二，不怒自威，气场强大。D 型人关注重点，希望能掌控一切，希望别人直接回答自己的问题，以高效掌握状况。如果听到对方啰啰唆唆地讲很多细节，就会显得不耐烦，并且打断对方。D 型人在听取工作汇报时，他们倾向于快速决策，要的只是“我接下来要做什么”。与 D 型人互动时，小事他们不关心，但重要的事他们往往会插手控制，而且 D 型人善于借助权力掌控整个局势。

D 型人害怕失去掌控。D 型人的情绪容易波动，脾气比较火爆，说话直肠直肚，不会用委婉的方式去表达，也不会在乎对方的感受。他们面对压力时可能会没耐心、发脾气。

D 型人讲话有力量。他们的语速比较快，语气坚定，音量非常高，语音语调具有挑战性。他们出场时往往手上东西很多，而且木无表情，喜欢戴造型夸张的手表，发型通常较短。D

型人喜欢穿着西装打领带，以显示权威范，但也喜欢穿着行动更快的便鞋，但其内在逻辑是一致的：不考虑美丑，而主要取决于哪种服饰更合适。D 型人的时间观念强，对他们来说，食物纯粹是用来充饥的，肚子不饿时就不会吃，因此他们绝对不是吃货。

D 型人的决策路线是：准备—瞄准—开火！

一位 D 型领导在给下属安排任务时，往往不苟言笑，气场很强："欧阳，去帮我查 3 个电话。"他希望欧阳什么时候给他？马上。3 分钟过去了，欧阳没有反馈，然后领导第二个电话打来："欧阳，找到没有？"欧阳说："马上，马上。"请注意，打第一个电话是通知任务，打第二个电话是跟踪任务，如果到 D 型领导打来第三个电话的时候，他还会不会听欧阳解释？不会，D 型领导是电话一接通就直播："马上马上，你骑的马死在路上了啊！"

第二个员工不一样，领导打来电话说："慕容，去，帮我查 3 个电话号码。"慕容知道领导的 D 型特质很高，一接到指令就立刻答："好的，领导，15 分钟之内给您答复。"请注意，这个领导下达指令之后，欧阳和慕容要干的事情一模一样，都是查电话然后把结果反馈给领导，可是这个领导对两个下属的评价截然不同。对于欧阳，他会这样想："搞什么，人力资源部连这样的人都招进来！"对慕容的评价是："不错，这个小伙子可以用。"有的时候不是你做了什么，而是你有没有照顾到目标对象的行为风格，从而影响了你在他心目中的评价。我们发现一些企业为其员工做了不少事情，但是员工对这些事情并没有接收到；或者员工为企业贡献了很多，但是企业领导并没有注意到。要用目标对象听得懂的语言和习惯的方式让他领会到，这个细节很重要。

用观察识别法来看，D型人往往是坚定的、霸道的、有力的。在生活中，他们有可能是严肃的爸爸、严厉的教导主任、严格的老板……

哪些名人是D型人？秦始皇、汉武帝、张飞、拿破仑、撒切尔夫人等。

拿破仑说过："不想当将军的士兵不是好士兵。"在他的词典里，是没有"不可能"的。他要你做件事情，你说不可能，他一定会呵斥道："做都没做，怎么叫不可能？"所以如果D型领导要求你做什么事情，你千万不要说"不可能"。你要说："领导，不是不可能，只是我暂时还没有想到办法。"D型领导听到这样的回答，他的第一反应往往是马上对你说做这个事情有什么方法以及怎么去做等，于是，你反而是在管理你的上司，不但管理他的资源，还在借用他的智慧。如果不知道怎么与领导相处，你的工作效率和职务就难以提升。与同事相处也一样，知道对方的性格特质，才会明白如何与之有效沟通。

> "如果D型领导要求你做什么事情，你千万不要说'不可能'。
>
> 你要说：'领导，不是不可能，只是我暂时还没有想到办法。'"

D型人是给你指路的朋友和职场上的领路人。你彷徨、困惑、犹豫不决时，D型人能帮助你。

与D型人相处的基本原则

与D型人相处，有以下五条基

本原则：

第一，不要对 D 型人造成压迫感；

第二，汇报要点；

第三，预防 D 型人过快作决策；

第四，工作上的事情随时找他；

第五，婉转地提醒错误。

I 型特质——影响者

什么是 I 型特质

关注人而且行动快的是 I（influence）型特质，又称影响型、社交型或互动型特质。influence 的本义是影响，代表爽朗、友善、外向、激动与热情。与 I 相关联的英文单词，同时也可以补充说明其特质的有：

· inspirational（鼓舞人心的）

· inducing（引诱的）

· impressive（印象深刻的）

· interactive（互动的）

· interesting（有趣的）

· interested（感兴趣的）

· impressionable（易受影响的）

· inconsistent（反复无常的）

I 型人的典型特征

I 型人是影响者。其特点是：口才好，善于交际，关注人，行动快，风趣幽默。I 型人的行为风格可以拿两个词来形容：一是“人来疯”，二是“自来熟”。第一，人越多，他越兴奋；第二，他不怕与陌生人在一起沟通。

I 型人更看重团队认同。他们喜欢群居，有纯熟的社交技巧以及天生的沟通能力，需要被肯定和被看到。他们高调张扬，亲和力强。

I 型人往往具备即兴、敏捷的思考能力，点子很多，说服力很强，总是保持快节奏，凭直觉办事，不太考虑细节；易冲动，心直口快，偶尔显得情绪化，情绪来得快但去得也快。I 型人倾向于逃避压力，喜欢用颇具戏剧性的方式进行自我振奋，在描述事物时喜欢用极端的词汇和丰富的想象力进行表达。他们面对压力时可能会变得轻率、情绪化。

I 型人社交主动，喜欢肢体的接触。他们总是有很多朋友，信奉“你对别人好，别人自然就会对你好”的原则，在钱财问题上往往显得大气。他们出场的动静大，讲话有力量，常常未见其人先闻其声。他们的语音语调比较高，常常配之以丰富的肢体语言。I 型人说话幽默、有创意，道别时音调拖得很长。

I 型人在外表上崇尚新奇。好看是第二要素，首要考虑的是能不能夺人眼球。他们喜欢色彩鲜艳的衣服、繁杂的小饰物、独特的发型和层层叠叠的穿衣方式。他们往往是吃货，嘴不闲着，不是在说话就是在吃零食。

I 型人的决策路线是：准备—瞄准—开讲！

用观察识别法来看，I 型人往往是开放的、快乐的、敢爱敢恨的。在生活中，他们有可能是热情的同事、热心的老阿姨、热辣的爱人……

哪些名人是 I 型人？汉高祖刘邦、美国前总统克林顿等。

克林顿能言善辩，风度翩翩。他治理国家和风花雪月并行，闲时吹吹萨克斯风，是现代美国离任时公众支持率最高的总统，也是最有魅力的美国总统之一，卸任以后依然积极利用自己的影响力为国际事务斡旋。

据英国《每日邮报》和《每日电讯报》2014 年 2 月 7 日报道，一位跑白宫新闻的美国女记者曾经说过，“只要和克林顿单独相处 5 分钟，就很难不爱上他”。

I 型人最大的特点是善于营造氛围。英国女作家珍妮·穆雷说，2004 年她与克林顿有过接触，克林顿的魅力不仅体现在剪裁得体的衣服、干净利落的发型以及干干净净的脸蛋上，还体现在他超强的自信和迷人的笑容上。珍妮说：“当他看着你时，他会直接看你的眼睛，有时会顽皮地对你眨一下眼，仿佛在他的眼里只有你一个女人。”

I 型人是具有正能量的朋友和职场上的同行人。你苦恼、郁闷、缺乏创意时，I 型人能帮助你。

与 I 型人相处的基本原则

与 I 型人相处，有以下六条基本原则：

第一，热情地回应；

第二，用副词修饰强烈的情感；

第三，运用幽默而独特的词汇；

第四，夸赞 I 型人“很有趣”；

第五，强调你的感受；

第六，坚持。

S 型特质——支持者

什么是 S 型特质

关注人而且行动慢的是 S（steadiness）型特质，又称支持型或稳健型特质。steadiness 的本义是稳健，代表着谨慎、稳定、耐心、忠诚与同情心。与 S 相关联的英文单词，同时也可以补充说明其特质的有：

· supportive（支持的）

· submissive（顺从的）

· stable（稳定的）

· sentimental（感伤的）

· shy（害羞的）

· specialist（专职的）

· status-quo（维持现状）

· security（保障性）

S 型人的典型特征

S 型人是支持者。其特点是：善解人意，容易被预测，关注人，行动慢，崇尚和平，对人友善，不挑刺，不喜欢与人产生冲突，与人相处时尽量避免矛盾，当被问及意见时常常说“随便”。尤其当你和 S 型人一起去吃饭的时候，你问：“我们去哪里吃啊？”S 型人最容易回答两个字：“随便。”

S 型人更看重内在品行。他们先人后己，乐于助人，不善于拒绝别人，具有同情心，能够关心他人的问题及感受，还能特别细心地照顾他人。S 型人很关注人，但是很委婉，因为他们很担心冲突，他们还有一个口头禅是“对不起”。S 型人是有温度、暖人心的，没有 I 型人那么热烈，却更持久。

S 型人保守而敏感，决策和行动的速度都比较缓慢，遇到变革时会有焦虑不安的感觉，而且表现出排斥变化的状态。S 型人害怕失去保障，他们希望别人做出保证，且尽量不改变。面对压力时，S 型人往往默默忍受，他们可能犹豫不决、唯命是从，最不可能参与争吵和辩论。

S 型人讲话温柔。他们的声音比较轻柔缓慢，音调比较安静，语调比较低，配合比较小的肢体语言。

S 型人的服饰保守、低调，没有特点就是他们在装扮上最大的特点。发型中规中矩，女生很可能留中短发。S 型人一个人时，吃什么都无所谓，但非常乐于聚餐，或者做好吃的带给小伙伴。他们会流露出对食物的热情，是容易发胖的群体。

S 型人的决策路线：准备—准备—准备—

用观察识别法来看，S 型特质高的人，往往更多地展示出支持和赞美，甚至有时过于腼腆，不知所措。在生活中，他们有可能是温柔的母亲、温顺的小妹、温暖的知己……

哪些名人是 S 型人？刘备、“圣雄”甘地等。

甘地首先是一个虔诚的印度教徒，然后才是一个风云一时的政治人物。他抱着一个慈悲万物的心愿，以争取印度人民的尊严为目标，却又不愿以暴力伤害敌人，哪怕是反抗，他都是用六个字——“非暴力不合作”，采取绝食、静坐等方式。

S 型人是欣赏你的朋友和职场上的知心人。你失意、孤独、想找人倾诉时，S 型人能帮助你。

与 S 型人相处的基本原则

与 S 型人相处，有以下两条基本原则：

第一，多一两句温暖的话语；

第二，多一些关怀与包容。

C 型特质——思考者

什么是 C 型特质

关注事而且行动慢的是 C（compliance）型特质，又称思考型或谨慎型特质。compliance 的本义是服从，代表着组织、细节、事实与精准。与 C 相关联的英文单词，同时也可以补充说明其特质的有：

· cautious（谨慎的）

· competent（称职的）

· control（抑制）

· concerned（忧虑的）

· careful（细致的）

· contemplative（好沉思的）

· critical thinking（批判性思考）

· consistent（一致的）

C 型人的典型特征

C 型人是思考者。其特点是：善分析，重思考，高标准的完美主义者，关注事，行动慢，讲究条理，追求卓越。

C 型人更看重把事做对，他们公事公办，理性至上。C 型人习惯和别人保持距离，喜欢有个人的空间，不喜欢有过多肢体接触。C 型人希望通过组织、程序和规章来掌控环境，他们严格按照程序办事，崇尚“君子之交淡如水”，而且习惯把情感放在天平上称一称。C 型人追求完美，希望自己不断超越，明天的自己一定要比今天的自己更好。C 型人特别善于用数据和权威来说话，希望别人提供完整说明及详细资料，他们非常讲求逻辑和精准，善于分析过程，讲求事实与细节。C 型人做决定和采取行动时显得谨慎而迟缓，喜欢思考，总是三思而后行。

C 型人讲话稳定平缓。他们的语音语调慢而稳定，没有多少抑扬顿挫，音量不大，配之以严肃的面部表情和较少的手势。当 C 型人使用反问句时往往是在表达愤怒，他们的内心是对话型的，悲观是习惯性的。C 型人追求完美，喜欢挑刺，对自己和他人的要求很高，很难表扬与鼓励他人。C 型人害怕被批评，他们不善于平和地化解压力，面对压力时可能会忧虑、钻牛角尖。

C 型人在外表上崇尚专业。他们习惯戴着硕大的眼镜，随身带着文件夹，表情严肃、紧张。C 型人的衣着简单整洁，通常是“短发 + 直发”，很注重头发的打理。他们很少有装饰品，即使有也会很精致，不会显得浮夸。C 型人是天生的美食家，对色、香、味都有要求，不愿意将就。加上多思多虑，他们大多偏瘦。

C 型人的决策路线：准备—瞄准—瞄准—

用观察识别法来看，C 型特质高的人，更多呈现给人的感觉是认真思考，逻辑清晰，偏爱深度分析。在生活中，他们有可能是冷漠的客户、冷静的队友、冷峻的审计……

哪些名人是 C 型人？诸葛亮、比尔·盖茨等。

比尔·盖茨绝顶聪明，逻辑理性，工作忘我，对手下的要求非常严格。与比尔·盖茨一起工作过的人都会留下两个深刻的印象：第一，比尔·盖茨很少表扬人；第二，比尔·盖茨从不“吝啬”对他人的批评。

C 型人是能指点你的朋友和职场上的导师。你陷入混乱、感到平庸、找不到方法时，C 型人能帮助你。

与 C 型人相处的基本原则

与 C 型人相处，有以下四条基本原则：

第一，时刻保持距离；

第二，经常用数字说话；

第三，注意让 C 型人说话；

第四，善用比较法。

模块三

DISC 的挑战与优势

经过上面的简要介绍，相信大家对 DISC 理论已经有了初步了解。为了检测各位对 DISC 理论的理解到了什么程度，我在此问大家三个问题。

问题一：哪种特质的人最适合做领导 Q1

有人说是 C 型特质，因为他的领导就是 C 型人。能有这样敏锐眼光的人无疑有很高的人际敏感度。有人说是 D 型特质，因为 D 型人目标很坚定，做事雷厉风行，遇到挫折不会放弃。

我要请教各位的是：D 型人有拿破仑，I 型人有克林顿，S 型人有甘地，C 型人有比尔·盖茨，哪个不是卓越的领导？你现在要建立一个非常强烈的印象：D、I、S、C 四种特质的人都可以做领导，没有哪种比另一种更适合。只要把每种特质可能出现的挑战克服了，你就能在自己独有特质的基础上做好领导。

虽然有更多的人认为 D 型人更适合做领导，但我们发现，D 型人在做领导时遇到的挑战似乎更多。

D 型领导的挑战一：速度过快，团队跟不上步伐

D 型特质的速度快，所以 D 型领导带兵打仗就像骑在马上，要特别关注自己团队的能力，留意自己的团队成员到底是步行还是骑马。如果是一个骑马的领导带着步行的员工，在员工的能力还不足的时候，领导现在就朝着目标一路狂奔，马跑得飞快，当领导杀入敌人阵营回头看时，才发现竟然没有人跟上来，这无疑就要遭受挫折。所以 D 型领导首先要关注达成目标的关键资源是否具备，特别是员工的能力能否跟上步伐。

D 型领导的挑战二：不善于授权，下属的猴子跳到肩膀上

D 型领导既喜欢自己做，又喜欢指挥别人做，但是如果别人没做好，D 型领导会下意识地跳下来自己接手做。员工做不了的工作，领导跳下去做，第一个可能的结果是领导一做就做完了，于是领导每次一做完员工就鼓掌："领导就是领导，领导出马，一个顶十个。"没有自我意识的领导，他会这样想："你看，我就是厉害，姜还是老的辣。"第二种可能的结果，领导确实很厉害，但是毕竟远离市场已久，亲自出马也难免有败下阵

> "D 型领导既喜欢自己做，又喜欢指挥别人做，但是如果别人没做好，D 型领导会下意识地跳下来自己接手做。"

的时候。心思活的员工已经跑没了，因为是他叫领导往上冲的；心思朴实一些的还会留在那里，他会对领导说："领导，您放心，屡败可以屡战，失败是成功之母，只要您不放弃，我们一定对您不抛弃。"这个时候领导心里还在想："我何德何能，有这样好的员工，卖血也要把公司经营下去。"

现在来分析这个事情：成功的时候，员工拍拍手掌；失败的时候，员工拍拍肩膀。你觉得谁更像领导？反而是员工善于管理，能够通过他人来完成工作。不是说所有的领导不该这样做，而是当团队已经到了一个新的阶段，团队成员已经有了足够能力的时候，领导要善于授权，否则只会一直自己忙下去，而有的时候这种忙还是自找的：领导不断地让下属的猴子跳到自己的肩膀上。这是 D 型领导一定要关注的。

"I 型领导要学会的是每次开会讲话要拿摄像机对着自己，开完会让秘书把讲话记录修改之后再发出去，最后备注一下：'所有的以这份文字版为准'。"

I 型领导的挑战：

描述的愿景不能兑现

I 型领导非常善于描述愿景，可是最大的挑战是说的话可能难以兑现。他们做销售就有个倾向，很喜欢夸张，夸张之后，客户期望值很高，但是后续的服务跟不上，满意度因此降低。所以 I 型领导要学会的是每次开会讲话要拿摄像机对着自己（因为看到摄像机就会知道说话要谨慎一些），开完会让秘书把讲话记录修改之后再发出去，最后备注一下：

“所有的以这份文字版为准”。

S 型领导的挑战：不善于应变，不敢出手

S 型领导的挑战是，他们不善于应对复杂变化的形势，不能做到该出手时就出手。我的朋友郭先生，就是一位典型的 S 型人。一次我们到周庄出差，郭先生喜欢摄影，在一座小桥旁把自己为难住了。他想拍的照片很简单：桥上没有人，桥下没有船，很有意境的那种。可是现在的旅游景点人很多，所以他就一直在那里等，要不桥上有人，要不桥下有船，等了起码半个小时。S 型人有一个明显的优势，就是耐心比较足。这时跑过来两个小姑娘，看到了站在那里的郭先生：“先生，能不能帮我们拍张照？”他说：“没问题。”拍完之后她们就问：“先生，您在这里干吗？”他回答：“我想拍张照片，希望桥上没有人，桥下没有船。”话音刚落，两个小姑娘直接跑到桥上去，一个站桥头，一个立桥尾，大声喊：“不要过来，有人拍照。”著名企业全球副总裁 30 分钟搞不定的事情，两个小姑娘 13 秒不到就搞定了。这与郭先生的年龄、资历、财富等均没有关系，只与他是否意识到自己的行为风格有关系。所以我知道，如果帮郭先生配团队，他带的应该是一群比较成熟的人；如果他的团队还不成熟，就要帮他调配一个 D 型人，郭老师只需负责缝缝手脚、安安脑袋就可以了。

> “S 型领导的挑战是，他们不善于应对复杂变化的形势，不能做到该出手时就出手。”

C 型领导的挑战：很难亲近，不易快乐

“C 型领导要学会给自己留出必要的弹性，偶尔做一些放松。”

C 型人对别人和自己的要求都高：对别人的要求高，让人很难亲近；对自己的要求高，自己不容易快乐。所以，C 型领导要学会给自己留出必要的弹性，偶尔做一些放松。古人云：水至清则无鱼，人至察则无徒。有一天眼里揉进了沙子，也要让沙子有机会变成珍珠，虽然不一定做得到，但这是我们努力的方向。

问题二：哪种特质的人最适合做销售 Q2

很多人说 I 型特质，因为 I 型人很热情，善于跟人互动。5 分钟前刚说 D、I、S、C 四种特质的人都适合做领导，没有哪种比另一种更适合，一转身就有人说 I 型人最适合做销售。道理是很容易明白的，我们总觉得已经懂了，可是一旦回到工作场景，原来该怎么做仍然还是怎么做，这就是我们非常强调学习氛围的原因，要经常去交流和提醒。

答案是：D、I、S、C 四种特质的人都适合做销售，没有哪种比另一种更适合。否则很容易就陷入牛角尖，有些人会问：“老师，我是 D，为什么我还在做市场部副总监呢？”“老师，我是 S，看起来这辈子是没有升职的机会了。”再次强调：D、I、S、C

四种特质的人都可以做领导，D、I、S、C 四种特质的人都可以做销售。

D 型销售人员的优势：擅长意志的斗争，信心的传递

D 型人做销售主要靠两个方面：一是意志的斗争，二是信心的传递。什么叫意志的斗争？普通人被拒绝一次两次，就放弃了，而 D 型销售人员被拒绝一次去第二次，被拒绝两次去第三次……一些客户看到销售人员这样锲而不舍，心里就会想："也许这个东西真的不错，否则怎么会让一个人这样坚持呢？"客户于是被打动，甚至心里说："我要是有这样的员工就太好了。"

当今世界上最知名也最权威的百科全书叫《大英百科全书》。这本书很厚，而且页数每年还在增加，最新版已经四千多页了。一个销售人员拖着一本四千多页的书去销售是很困难的，所以 2012 年就全部变成电子书了，这是为了适应未来的发展趋势。在把实体书变成电子书的时候，出版商把全世界的销售高手聚集在一起，给最杰出者颁奖。获奖的是个英国人，这个人是个结巴，但他就是卖得好《大英百科全书》。他每次跟客户讲只有一个话术，很简单，就是"你——你——你买一本就好，不买我——我——我读给你听。"没有几个客户受得了，你买他一本书是要你的钱，你不买他的书是要你的命，这个叫"意志的斗争"。

他有这么强的意志的关键，是因为他对自己的产品有百分之百的信心，他敢非常强硬地说："我跟你讲，买《大英百科全书》没错！"哪怕客户当时的感觉不是那么好，觉得好像被强迫，但是这个销售员的内心有个对话："哪怕你现在骂我，

“对于 D 型销售人员，你不需要培养其他，只需要培养他对公司产品的坚定信心。”

总有一天你会感谢我。”请问这个客户最后是否一定感谢他？无所谓，关键是他销售的时候自己坚信这件事。这样说有哗众取宠之嫌，可是最后客户会不会真的感谢他，是由很多因素综合决定的，而他之所以有信心的关键是他知道这是世界上最知名也最权威的百科全书。所以对于 D 型销售人员，你不需要培养其他，只需要培养他对公司产品的坚定信心，他就可以非常坚定地去跟客户讲，一点障碍都没有，他能够自己找好方法。

I 型销售人员的优势：善于描述，营造体验氛围

I 型人之所以善于做销售，是因为他会帮你做很多描述，营造丰富的体验。举一个例子，这里有件柠檬黄的衣服，I 型销售人员会向你描述：假设现在有两只柠檬，一只柠檬是刘谦从衣服里面“咻”一下变出来的，然后马上从水里捞起来，上面还滴着水，你一刀下去汁水四射，像我们玩“切水果”游戏一样；另外一只柠檬在你手上，一把用力把它捏碎，汁水流满你的手，现在把整个拳头塞到你的嘴里，用舌头舔一下，然后从舌尖到舌端深深吸一口气，你嘴里的感觉是什么？酸，但你没有吃柠檬。I 型销售人员最擅长的就是让你在没买之前就已经

“I 型销售人员最擅长的就是让你在没买之前就已经体验到了买之后的所有感觉。”

体验到了买之后的所有感觉。再比如，你还没有来读我们的领导力培训班，我就可以把你读培训班后可以享受的所有待遇告诉你：你的孩子会怎么看你，你的同学有哪些人，你可以得到什么资源，你能够给自己带来多大的肯定和嘉许……这是 I 型人最擅长的。

S 型销售人员的优势：善于从对方的角度出发，为对方着想

很多人觉得 S 型人不太适合做销售，可是 S 型销售人员也有自己的专长。他们最擅长两句话，第一句是："我不是您，我没有办法帮您做决定。"因为大部分的人都不喜欢被硬性销售，所以当销售人员说"我不是您，我没有办法帮您做决定"的时候，一个显而易见的好处是客户可以马上放松下来。第二句话更重要："但是我有个学员，他的情况和您一模一样，他学完这个课程之后真的觉得非常适合。"

两句话结合起来，运用话术重复一下就成这样："我不是您，我没有办法帮您做决定，但如果我是您，我遇到您这种情况，真的会考虑一下我们这个项目。"这是 S 型销售人员擅长做销售的关键。

S 型人做销售会从对方的角度出发，每一点都帮客户考虑到，讲到最后甚至会让客户觉得好像连呼吸都来自 S 型销售人员那里，发现销售人员比客户本人更加关心客户自己的未来，比客户本人更加爱护客户自己的家庭，以至于觉得不买很对不起人，不是对不起销售人员，而是对不起客户自己。S 型销售人员的客户转介绍率也极高，客户做转介绍时会说："我跟你讲，我绝对不是托，我真的觉得他是跟我在一起的。"

C 型销售人员的优势：善于庖丁解牛，抓住关键问题进行引导

C 型销售人员善于庖丁解牛，抓住关键问题进行引导。一位客户如果犹豫了很久，请注意，有两个环节很关键：一个是他还没决定买还是不买，另一个是他还没决定买哪家。以领导力提升课程为例，一个是他要不要读领导力提升课程，另一个是他要读哪家的领导力提升课程。第一个问题难，还是第二个问题难？其实是第一个问题比较难。如果他已经百分之百想读领导力提升课程，这个时候如果你有机会跟他谈，自然就有很大的可能引导他，可是如果他连第一个问题都还没有解决，你现在就想直接进入第二个问题，那么很可能变成你一直在播种，果实最后被别人收获。C 型销售人员最厉害之处就在这里，他上来一定会说："既然您已经决定过来了解情况，说明您真的想报，您要挑选的只是哪家最合您的心意。既然您已经了解这么久，我相信您挑领导力提升课程一定有自己的标准，要不告诉我您的标准是什么，我帮您做个分析。"C 型销售人员对市场是相当了解的，对自己的项目也非常清楚，只要把客户的标准拿到了手里，他们就会把搜集到的信息进行整理、排列和组合，一一展示给客户。经过筛选最后得出结论：只有读他家的领导力提升课程才是客户唯一、最好的选择。

销售培训的常见误区：用单一的标准要求不同特质的员工

每个人用好自己的专长很重要。我们给很多企业做培训，指导他们做销售团队的组建，发现最核心的问题就在这里。大部分企业的做法是这样的：首先树立一个标杆，即找到一个 top sales（最优秀的销售人员），然后要求这个最优秀的销售人员

与所有人分享经验，让每个人都学他。这样做最大的问题在哪里？不具有普遍性，对大多数人都不适用。如果 top sales 是 D 型人，他的经验对于一位 S 型人来说，即使再努力，也很难变成 D 型人，因为这有些违反人性，当然也不是完全没可能，比如《西游记》中的唐僧就可以，但通常情况下没必要。

当我们给企业做销售人员培训时，使用的方法很简单：第一，拿这家企业销售人员的业绩与业内平均水平相比，如果大多数销售人员的业绩水平都在业内平均水平以下，那么做什么培训都没用。因为连业内平均水平都达不到，无疑不是能力问题，而是态度问题以及企业更高层面的系统性问题。第二，如果大多数销售人员的业绩水平在业内平均水平以上，但是业内销售做得最好的人没有出现在这家企业，那么现在要做的事情也不是大规模的通用性培训，而是挑几个好苗子进行针对性强化。模仿别人可以让自己优秀，至少可以保证合格；但是只有成为自己，发展自己，才有机会创造卓越。一味地用单一的标准去要求员工，反而成了通往卓越之路的障碍。

> “模仿别人可以让自己优秀，至少可以保证合格；但是只有成为自己，发展自己，才有机会创造卓越。”

再讲一遍，D、I、S、C 四种特质的人都适合做销售人员。

问题三：哪种特质的人最适合做行政 Q3

最后一个问题变得很简单了，答案是，D、I、S、C 四种特质的人都可以做行政，没有哪种比另一种更适合。只要把你的特质可能出现的挑战克服了，你就能在自己独有特质的基础上做好行政。

DISC 的挑战与优势

D 型领导的挑战
速度过快，团队跟不上步伐，不善于授权，下属的猴子跳到肩膀上

D 型销售人员的优势
擅长意志的斗争，信心的传递

I 型领导的挑战
描述的愿景不能兑现

I 型销售人员的优势
善于描述，营造体验氛围

C 型领导的挑战
很难亲近，不易快乐

C 型销售人员的优势
善于庖丁解牛，抓住关键问题进行引导

S 型领导的挑战
不善于应变，不敢出手

S 型销售人员的优势
善于从对方的角度出发，为对方着想

模块四

防止优势成为劣势：蜀汉创业团队成败的启示

怎样管理自己的情绪

不要压抑它，坦然接受它

大部分人际关系管理课程都在强调最好不要对任何人有喜欢或不喜欢的情绪，强调要看谁都顺眼，要看谁都是佛，要爱世人，否则就是自己的修为不够。可是我想说：你要先成为佛，才能看谁都是佛；你要先被钉到十字架上，才会爱世人。如果你有这么高的境界，那么我恭喜你。然而对于大多数普通人来说，如果目前没有办法达到这么高的境界，那么也没有关系，我们不要强迫自己抑制情绪，而是要去接受情绪，因为只有接受了情绪，我们才有能力管理它。所以，我们喜欢谁，不喜欢谁，这个很正常。

一个星期的观察实验

怎样才能真正做到管理自己的情绪？下面这个练习大家随时都可以做，当然最好是在自己家里做。找一个相对隐秘的空间，拿出一张白纸和一支笔，把与自己工作互动最多的 5 位同事的名字写下来，然后问自己最喜欢谁，最不喜欢谁。接下来这一个星期要做的事情就很重要了：对于那个你最喜欢的人，你要开始寻找他身上不足的地方，你喜欢他就是因为有亲近感，因此这些不足的地方很可能在你身上也有。对于那个你最不喜欢的人，你要努力寻找他的优点，因为只要你能够找出他的优点，你就会慢慢开始接受他。

小实验：用一个星期时间观察你的同事		
准备		一张白纸、一支笔、一个没有人打扰的房间
步骤	1	把与你工作互动最多的 5 位同事的名字写下来
	2	从中找出自己最喜欢谁，最不喜欢谁
	3	在未来一个星期的时间里，对于那个你最喜欢的人，你要开始寻找他身上不足的地方；对于那个你最不喜欢的人，你要努力寻找他的优点
	4	慢慢地，你会在你喜欢的人身上看到许多缺点，在你不喜欢的人身上看到许多优点

对待差异三个阶段的态度

人们在对待差异的时候，往往呈现三个阶段的不同态度：第一个阶段叫忍受，第二个阶段叫接受，第三个阶段叫享受。

对待差异三个阶段的态度

1
忍受

2
接受

3
享受

第一阶段的态度：忍受

民营企业家和职业经理人发生冲突时经常都处于这个阶段。白手起家的民营企业家没有不辛苦的，当企业发展到一定阶段之后，因为自身管理能力不足，于是决定聘请一位职业经理人。但是这位职业经理人只是抱着打工的心态来工作，没有做自己企业的自觉，他很可能喜欢的生活是朝九晚五。所以，民营企业家在用这个职业经理人的第一个阶段有个名词叫忍受：我花了这么多钱，结果你天天只是朝九晚五，这也太不厚道了。但是因为知道对方的价值，知道自己花的成本，所以民营企业家愿意忍受，看看职业经理人接下来能做些什么。

第二阶段的态度：接受

随着这位职业经理人的到来，因为他的专业视野和规范管理，公司的经营状况越来越好，虽然没有让人惊喜的重大突破，但还是在一步步稳定上升。到了这个阶段，民营企业家虽然还是希望职业经理人能有老板那样的投入，但是即便没有，民营企业家也能接受。这就从忍受过渡到了接受。

第三阶段的态度：享受

公司现在有个很大的项目，民营企业家想把握住机会，于是加班加点工作，最后一不小心进了医院。打着点滴的他很煎熬，但在这个时候有职业经理人在。为什么职业经理人在？因为职业经理人朝九晚五，保养得很好，不会被健康问题击倒，他可以带领公司把这个项目做下去。虽然也许没有民营企业家亲自督战处理得那么好，但是因为有了职业经理人，项目还是顺利完成了。民营企业家在医院拍着自己的腿说："幸好有他！"于是就进入一个新的阶段，享受的阶段。

了解一个人的程度越高，你就越能够体会到由忍受到接受再到享受这个过程的乐趣。

你觉察不到他的可用之处，很可能只因时机未到

我的一个学员讲了发生在她身边的故事。她有一个同事，每次大家一起吃饭，只要到了买单的时候，这位同事不是在接电话，就是去洗手间，或者一杯酒就喝多了。这样的人显然大家都不喜欢，但是因为同属一个部门，一起活动不叫他不合适，所以还是得别别扭扭地叫。这是第一个阶段，叫忍受。

后来她开始慢慢了解这个同事，发现他家的经济条件很普通，老人生病、孩子上学，他要承担很多责任，肩上的担子很重。虽然大家还是不喜欢他，但是了解情况的人至少已能够接受他的这种行为，大不了有时候组织一下非正式的聚会，不请他就不会扫了大家的兴致。这是第二个阶段，叫接受。

直到有一天，领导交给她一个任务，说公司马上要做一个项目，质量要保证，但是项目方对成本控制的要求非常高，一定要把每一元钱都省出来。因为她习惯了采购双高（高价、高品质）商品，没有特别强的成本控制意识，所以很苦恼。这个时候他跑过来问："张姐，我能帮你什么吗？"她就和他说："我要去谈这个事情，但是让我去压价真的挺为难的，我对这也不熟，要不你帮一下我？"于是，他帮她去谈，别说每一元钱，连每一分钱都给省出来了。谈完之后，她把项目向老板汇报，老板非常满意。回来以后她把手一拍说："幸好有这个小伙子！"从忍受开始，然后到接受，最后到享受。

所以，在成熟的领导者眼里，所有员工既没有优点，也没有缺点，有的只是特点，是可用之处。有的时候你觉察不到一个员工的可用之处，很可能只是因为时机未到。作为一个成熟的团队，一定要有多元化的资源，才能适应不断变化的环境。

> **“所有员工既没有优点，也没有缺点，有的只是特点，是可用之处。”**

蜀汉创业团队成败的启示

让我们把目光转向家喻户晓的《三国演义》，一起来看看蜀汉创业团队中的核心四人组：刘备、关羽、张飞、诸葛亮。这四个人很有趣，他们每个人都有很鲜明的特点，这些特点既是优点，让他们成为英雄；也是缺点，让他们成为英烈（刘备和诸葛亮不算牺牲，因此不属于严格意义上的英烈）。通过分析他们的故事，我们可以在职业规划、事业轨迹和销售沟通等领域获得很多启示。

D 型特质的张飞

“燕人张翼德在此！”

先来看张飞。我们只讲他的成功和他的离世，讲一讲他成为英雄的时刻和成为英烈的时刻。

张飞“成”在哪里？

长坂坡一声怒吼，让张飞一战成名。他带着二十多骑兵掩护赵云带着阿斗先走，对面是曹操领着五千精骑蜂拥而来。张飞挺矛立马于长坂桥头，大吼一声：“燕人张翼德在此！”吓得曹操“骤马望西而走，冠簪尽落，披发奔逃”。你要知道，有张飞这样的员工是件多好的事情。D 型特质是张飞的优点，让他成了英雄。

张飞“败”在哪里？

张飞是怎么成为英烈的？醉酒后被下属摸进大帐砍了脑袋，这可以说是作为大将最为憋屈的死法。关羽死了，张飞要报仇，他命令范疆、张达必须三天之内给全军置办出白旗白甲来。二将要求宽限时间，张飞勃然大怒，鞭笞两人，最后指着他们说：“若违了限，即杀汝二人示众！”

张飞这句话是真是假？请注意一点，不要从你的角度，而要从张飞的角度去思考。张飞这样的人要是感觉不爽，对下属抄起鞭子就抽，这是一种很粗暴的管理方式。所以，虽然对于你来讲，很可能是拿这句话吓唬下属，可是对张飞来讲，他一定是说真的。下属很了解张飞，知道他说的是真的，于是想：与其被你砍脑袋，不如我先要你脑袋。同时张飞不了解下属，从没想过下属竟敢在他睁眼睡觉的时候来刺杀他。

我给线索，各位给我结论：线索一是下属了解张飞，所以张飞的脑袋掉了；线索二是张飞不了解下属，所以张飞的脑袋掉了。结论是什么？很一致，张飞的脑袋掉了。这里的逻辑很简单：了解别人的人，脑袋能留着；不了解别人的人，脑袋怎么掉的都不知道。

有的时候，你发现自己莫名其妙地让同事不开心，让领导不高兴，原因只是你忽视了对他人的关切，失去了必要的人际敏感度。你要去留意你的关系人，要关注他们，每个人都不是一个物体或符号，而是有血有肉的，有他们自己的情绪。你一定要有能力去了解对方。这个时代，认识一个人太容易了，你现在要找到任何一个人都有可能，六度理论认为，只需要通过 6 个电话就能找到，可是接通电话后，你怎么开口讲，怎么说服，怎么施加影响，那才是关键。

> **“性格特质很有趣：用得好，它会成就你；用不好，它很可能就是你最大的障碍。”**

张飞成为英雄的“猛”和“粗”，和张飞成为英烈的“猛”和“粗”，在性格特质上是一脉相承的，这也是我要提醒大家的地方。性格特质很有趣：用得好，它会成就你；用不好，它很可能就是你最大的障碍。

I 型特质的关羽

“酒且斟下，某去便来。”

关羽就不太一样，他非常注重个人形象。关羽有一副很漂亮的胡子，当他看得上的人称呼他美髯公时，他会自得地眯缝起丹凤眼，嘴里还会发出“嗯”的声音。有一种世所罕见的男人，他对自己胡子的关注程度超越了女人对自己头发的关注程度，说的就是关羽这样的。武将一般都是靠武力指数提升个人魅力的，而关羽不一样，他读《春秋》，他要体现的是能文能武。要在今天，作为成功企业家，他肯定到清华、北大读个 MBA；要是可能的话，他还会去欧美拿个博士学位回来。他很在意这样的事情。

关羽“成”在哪里？

“有的时候，要多去行动，如果你连基本的动作都没有，是没有办法产生影响力的，关羽和曹操的厉害之处就体现在这些小小的动作之上。”

关羽一战成名在什么时候？汜水关前温酒斩华雄。华雄是董卓军有名的骁将，挟击败孙坚、斩杀祖茂的余威，又连续斩杀盟军的俞涉和潘凤两员猛将。正当十八路诸侯“众皆失色”时，关羽大喊一声站了出来：“小将愿往斩华雄头，献于帐下！”各位在此也留意一下曹操，他在袁术、袁绍看不起关羽身份不让出战时说：“此人既出大言，必有勇略；试教出马，如其不胜，责之未迟。”并立马赐热酒一杯。

曹操厉害在什么地方？关羽有可能是英雄，喝完酒之后，曹操美名天下扬，叫“慧眼识英雄”；万一关羽是个狗熊，那也没有关系，只不过一杯酒而已，还是别人的酒。我要提醒大家的是，有的时候，要多去行动，如果你连基本的动作都没有，是没有办法产生影响力的，关羽和曹操的厉害之处就体现在这些小小的动作之上。

看过《三国演义》的许多人都不明白：曹操为什么那么喜欢关羽？除了关羽武功高、义薄云天外，还有一个原因是两人配合起来实在太好了，让人打心眼里舒爽。再来看关羽，就多做了一个动作，他把手一拱说：“酒且斟下，某去便来。”意思说稍等，酒放在那里，我砍完华雄回来再喝。关羽就先去砍华雄，砍完回来，酒还是温的，于是一段脍炙人口的故事就流传开来，故事中关羽是大英雄，曹操也无疑为能识人的英主。

但是，有没有可能关羽去砍华雄砍了很久，回来之后酒已经凉了呢？完全没关系，到那时酒只不过是没人注意的细节而已，凉酒也是喝，照样是英雄，只是没有那么大的轰动效应。只因多了一个动作，就有了一个传世故事，可见有没有做这个动作很重要。

为了加深理解，我换一个讲法，假如不是关羽去砍华雄，而是张飞去砍华雄。张飞说："我去。"曹操说："英雄，喝杯热酒再去。"请问张飞会怎么办？张飞肯定会二话不说，一饮而尽。那么即使砍得再快，也只不过是猛将砍了一个人，被认为理所当然，没什么值得特别颂扬的。

有些人是会干实事的，有些人是会汇报工作的。对于一位优秀的领导者，如果下属是 I 型特质，他就会知道这个下属汇报工作时可能有水分。两个下属向领导汇报工作，C 型人讲"1000 万元，没问题"，I 型人也讲"1000 万元，没问题"，两个人讲的能一样吗？作为一个领导者，一定要有基本的人际敏感度。同样讲"1000 万元"，有的人即使累得住院了也一定会做到，有的人你要信了却要气得住院。因此，你在给整个部门或整个项目做规划的时候，一定得清楚，有的人说的 1000 万元没问题，而有的人可能要预留 200 万元让其他人来补一下，或者要保留出一定的应急资源以填补空缺。对象的不同，很大程度上决定了领导者在管理、互动、销售方式等方面的差异。

张飞和关羽的差异在哪里？

张飞和关羽在性格特质上有着非常明显的差异。张飞和同级的关系，特别跟诸葛亮、庞统这些文官的关系处理得非常好，但是上下级关系处理得比较差，他极其需要控制自己的情绪。

关羽正好相反，他的上下级关系处理得非常好，因为这涉及他的名声。领导者对普通人的所作所为，容易形成一个故事被传播。可是关羽的骨子里不容易看得起其他人，因为他很讨厌有人抢自己的风头，他的情绪自控力同样有很大的提升空间。

关羽最典型的事件都是发生在与他资历和地位相当或略低的同僚中间。马超刚帮着刘备平定了益州，关羽就要撇下荆州重任不管了，闹着入川找马超比试个高下。谁让“锦马超”名气那么大呢。好在没成行，让诸葛亮连夸带捧给劝住了。然后就是封五虎将，关羽再次发了怒：“翼德（张飞）是我兄弟；孟起（马超）祖上好几代都是公侯；子龙（赵云）不离不弃追随我大哥这么多年，也是我兄弟。他们三个我不说什么，黄忠只不过是个老兵，怎么能够和我相提并论？”连刘备派人送来的印信都不肯接受。关羽同样出身平民，为什么唯独对出身军旅基层的黄忠有意见？大概是黄忠斩杀了曹军名将夏侯渊，抢了他的风头而已。就因为他的情绪控制能力弱，差点破坏了刘备的统一大计。刘备在用人上是有策略的，那个时候就知道“团结一切可以团结的力量”。刘备的用人策略很简单：把马超捧在高位，就是让人知道只要打着兴复汉室旗帜的他都欢迎；把黄忠升为五虎将，就是让现在的小兵们看到成为将军的希望。

关羽根本不管这些，幸好有“人精”诸葛亮，有办法劝说他。就拿劝阻关羽入川找马超比试这件事，来看《三国演义》中诸葛亮是怎么做的，只有一封信、五句话：

“亮闻将军欲与孟起分别高下。以亮度之：孟起虽雄烈过人，亦乃黥布、彭越之徒耳；当与翼德并驱争先，犹未及美髯公之绝伦超群也。今公受任守荆州，不为不重；倘一入川，若荆州有失。罪莫大焉。惟冀明照。”

核心内容其实只有两句话，但用了三招。第一招是先夸。遇到性格骄傲的人，想解决问题就是要夸出水平。翻译成白话，诸葛亮说：“关二哥，马超确实厉害，就跟张飞差不多，但是比你还是有点距离的。”这个话说得很有艺术：首先，既然刘备说马超好，诸葛亮就不能跳出来说马超不行，所以他一定要围绕着“马超很好”来说；同时，诸葛亮说马超“跟张飞差不多，但是比你还是有点距离的”，这句话会起作用的前提是，关羽骨子里面真正认为自己比张飞强，诸葛亮必须能够准确地判断关羽的自我认识。

最“无聊”、最有趣、最有效的是第二招，就是变着花样夸，许多人都没意识到这一招的重要性。诸葛亮说：“更何况江湖上都在传说二哥你有副全天下最漂亮的胡子，大家都说你是美髯公。”言外之意是，“锦马超”什么的，跟你“美髯公”相比，那是不值一提啦。如果关羽不是一个I型人，这句话恐怕会起反作用，一个男人被别人评价很帅有什么了不起的，而且是在讨论这么重要的事情时被人夸，可是对I型人来说不是这样的，你只要赞美我，我就会很开心，而且花样越多、越新奇就越开心，当然前提是夸到点子上，否则会适得其反。

第三招是重头戏，是以捧为主的切责：“关二哥你担负着主公交付的镇守荆州的重任，主公把多半身家都交给你，这个事儿除了你谁也办不好，你要是离开了荆州守不住，这个责任谁来担？”一下子就让关羽冷静下来了。

这三招可以说环环相扣，少了任何一招都不行。

关羽真的想入川找马超比个高下吗？稍微想一下就知道不可能，显示自己身为刘备集团军事一哥的存在感是真，给马超这个性格上反复的人一个下马威也是真。有了诸葛亮这封信，关羽就有了收回自己话的充分理由。所以关羽自得地抚着他那副全天下最漂亮的胡子，感慨地说："孔明（诸葛亮）知我心也。"然后把小伙伴们喊来一起分享喜悦："将书遍示宾客，遂无入川之意。"

回过头来看，如果你是刘备，是一个大领导，你一定要知道不同的下属担任领导时应该注意的方面。张飞跨部门沟通没问题，但是团队内部的沟通要调整；关羽团队内部沟通没问题，但是容易形成小团队，跨部门沟通很可能有障碍。作为更高层的领导，应该知道用什么方式去引导不同特质的领导扬长避短，这就要求必须具备相当的人际敏感度。

> "张飞跨部门沟通没问题，但是团队内部的沟通要调整；关羽团队内部沟通没问题，但是容易形成小团队，跨部门沟通很可能有障碍。"

关羽"败"在哪里？

请问关羽是怎么死的？大意失荆州，败走麦城。导火索是孙权派了诸葛亮的哥哥诸葛瑾来加强吴蜀两方友好，提出给孙权的继承人求聘关羽的女儿。这原本是好事，即使不答应也不用发火吧，没想到关羽发了火，说："吾虎女安肯嫁犬子乎！不看汝弟之面，立斩汝首！再休多言！"我的女儿是虎女，你家主公孙权的儿子是犬子，直接骂人家主公，还说要不是看在你弟弟的份上就咔嚓了你。但关羽忽略了一件事情，自己的大哥刘备还娶了孙权的妹妹为妻呢。诸葛亮请关羽去守荆州的时候，反复强调了“北拒曹操，东和孙权”的战略方针，关羽也应承得痛快：“军师之言，当铭肺腑。”但是在执行过程中，由于情绪控制能力弱，表演个性强，关羽不断地在塑造传奇，却忽略了团队应该做的，“公司”应该做的，国家应该做的。

最典型的一个传奇，叫单刀赴会。他左手抓住鲁肃的手腕，右手提着青龙偃月刀，一直把鲁肃扯到江边。鲁肃是东吴极少数的亲蜀派，而且职务是大都督，关羽这样做造成的严重后果是东吴没有人再愿意跟蜀汉联盟，因为联盟的最好下场就是被对方的二哥拿把刀给拉扯得魂不附体，所以他已经失去了外部环境的势，这是第一个方面。第二个方面，研究组织的微观环境，关羽的下属有没有出来炫耀和展示的机会？不妨留意一下，我们在考虑提拔干部的时候，一定会先想清楚这个干部提拔上来之后很可能出现的问题是什么，通常在把事情想清楚之后才会考虑提拔。如果我是总经理，我对副总经理的选择就会有着我的浓重个人色彩。微观环境是，关羽是一个很爱出风头的人，下属的任何风头都会被他抢去，他自己包装一下就传出去了。所以有很多人评论说，关羽哪怕不失荆州，也会失其他的州，因为不论是宏观环境还是微观环境，外部环境还是内部环境，他都已经失去了势，他的强势最后反而变成弱势。

“关羽哪怕不失荆州，也会失其他的州，因为不论是宏观环境还是微观环境，外部环境还是内部环境，他都已经失去了势，他的强势最后反而变成弱势。”

S 型特质的刘备

“我三人不能同年同月同日生，但求同年同月同日死。”

刘备“成”在哪里？

在《三国演义》里，刘备的起家之路始于桃园三结义，如果没有桃园三结义，刘备就是一根被风一吹就倒的草。他最擅长的武器不是双股剑，而是狂飙眼泪，是可以哭到眼泪狂飞的那种，用现代的话说是个真正的演技派，绝对的影帝级。桃园三结义之后，刘备的招牌就是“仁义”二字，喜欢他的人和不喜欢他的人一样多：喜欢刘备的喜欢得要死，如果你想把关羽抓过来，把张飞抓过来，把诸葛亮抓过来，你最后还不如就抓一个，只要把刘备抓过来，其他几个全都跟过来了。不喜欢他的，就会说：“人假一些不要紧，但能够假成这样，真是让人无法直视。”

《三国演义》第六十五回

玄德入成都，百姓香花灯烛，迎门而接。玄德到公厅，升堂坐定。郡内诸官，皆拜于堂下！惟黄权、刘巴，闭门不出。众将忿怒，欲往杀之。

玄德慌忙传令曰：“如有害此二人者，灭其三族！”玄德亲自登门，请二人出仕。二人感玄德恩礼，乃出。

有一位名士叫刘巴，与刘备同姓，但就是不喜欢刘备，见了刘备就远远躲着走，有意思的是躲了几次怎么也躲不掉。这位刘巴是荆州人，曹操带兵打到荆州，荆州集团的士人大多追随刘备南逃，只有刘巴北上投奔了曹操。曹操对刘巴委以重任，派他去招降荆州南部的人。没想到随后曹操赤壁大败，退回北方，刘巴发现自己陷在了刘备的地盘里。为了避开刘备，刘巴先是逃到了交趾（今越南），又辗转到了益州。刘备随后到了益州，刘巴还是落到了刘备手里。

白手起家三分天下，刘备的身上无疑有许多过人之处。现在许多企业的领导也一样，能够当上领导，总有他过人的地方。刘备过人的地方就是善用仁，善用情，善用义。

最典型的案例，在诸葛亮帮刘备之前，有一个人帮刘备，帮几次赢几次，把曹操给吓到了，这个人叫徐庶。曹操二话不说，把徐庶的母亲抓了。曹操的想法很简单，把你母亲抓了，你总得过来吧。D 型特质的曹操，从来不管徐庶来的路上开心还是不开心，他要的结果是徐庶过来。过来后你能转变思想为我所用的话最好，不能转变思想我曹操用不了的人别人也别想用，这是曹操的内心话。

一个大难题扔给了刘备：放，舍不得；不放，有违伦理。刘备是怎么处理的？他从小有个副业是编草鞋，行军打仗之余经常帮百姓编几双草鞋，让刘备利用他的专长，编一双舒适程度与阿迪达斯和耐克差不多的草鞋，对他来讲不是难事。话说送徐庶的那天，刘备送了徐庶一双草鞋，他自己也穿着草鞋。细心的朋友可能会注意到，在《三国演义》的电视剧中，刘备送人的其他场景都是骑在马上，哪怕送庞统也是骑在马上，只有送徐庶的这一幕是步行的。因为古代驿站之间的距离是相对固定的，酒店连锁及餐饮行业没有今天这么发达，所以送人要赶快送，否则错过了时间，不但店没得住，东西也没得吃。刘备送徐庶是步行，他穿着草鞋，抓着马缰绳，一边走一边说："先生，舍不得啊！先生，舍不得啊！先生，舍不得啊！"走着走着，把马走累了，天色也晚了，只好回来第二天再走。刘备于是又连夜编了两双草鞋出来，一双给徐庶，一双自己穿。第二天刘备又牵着马缰绳开始念叨了，徐庶立即从马上下来说："主公，你放心，我去曹操那里绝对不为他献任何一计。"

D 型人曹操用他的 D 型特质拿走了徐庶的身，S 型人刘备却用他的 S 型特质留下了徐庶的心。所以你无论有 D 型特质还是有 S 型特质都没有关系，总拿得到一样。当然，如果你想拿到他的身，你就找个 D 型特质的搭档；你想拿到他的心，你就找个 S 型特质的搭档；或者调整自己的性格特质。

刘备"败"在哪里？

刘备是怎么死的？病死的。原因是他要去讨伐东吴，收复荆州，没想到输得一塌糊涂，被他眼中的黄口孺子陆逊一把火烧了连营七百里，数万大军灰飞烟灭，又惭又怒一病不起，最后连成都都没脸回去，只好在白帝城托孤。关羽死了，张飞要去报仇；张飞死了，刘备要去报仇。两个人跪在地上，一个是诸葛亮，一个是魏延，后者说："主公不要去啊，留得青山在，不怕没柴烧。"刘备直接回答说："我三兄弟曾桃园结义，我三人不能同年同月同日生，但求同年同月同日死。"刘备一直强调，我是三兄弟的老大，所以我必须去。刘备败也败在这里，他忘记了一件事情，

> "刘备败也败在这里，他忘记了一件事情，他除了是三兄弟的老大，更重要的他还是蜀汉的君主。"

他除了是三兄弟的老大，更重要的他还是蜀汉的君主。

一直以来，大家都对诸葛亮有个偏见，说“蜀中无大将，全怪诸葛亮”。为什么？诸葛亮太能干了，所以找不到人来顶替他。还说诸葛亮识人不行，比刘备差远了，比如马谡，刘备都说这人不可大用了，诸葛亮还偏偏不信，结果导致了街亭大败，诸葛亮第一次北伐功败垂成。

但我们换一个角度来看，造成蜀中无大将困局，刘备的责任更大。马谡失了街亭，碰到有洁癖的诸葛亮，他的下场是被挥泪斩杀了；可是关羽在华容道放了曹操，回来后诸葛亮按照军法要斩关羽，刘备说：“昔吾三人结义时，誓同生死。今云长虽犯法，不忍违却前盟。望权记过，容将功赎罪。”轻轻一句话就揭过去了。

蜀汉创业团队，开始的时候许多人都愿意投奔，因为有理想、有梦想、有未来，又尊重人，可是蜀汉的发展进入稳固期之后，你还愿意投奔吗？如果你真的有能力，你会投奔蜀汉吗？蜀汉因为“大 S”刘备的代理，最后产生的机制是，一旦公司出了事，中基层主管掉脑袋，而高层主管和圈子里的人都啥事儿没有。许多民营企业都有这样的情况。

> “蜀汉最终形成人才匮乏的局面，刘备难辞其咎，或者说得明确一些，只要人才出了问题，一把手都要负主要责任。”

不妨想一想，如果你真的能力很高，你投奔蜀汉能找到自己的位置吗？你武功指数再高，能排到张飞前面吗？张飞是三弟啊。你长得再帅，能排在关羽前面吗？关羽是二哥啊。所以蜀汉最终形成人才匮乏的局面，刘备难辞其咎，或者说得明确一些，只要人才出了问题，一把手都要负主要责任。因为即便别人可以施加影响，但一把手是做最终决定的。

C 型特质的诸葛亮

"非学无以广才，非志无以成学。"

诸葛亮"成"在哪里？

我非常喜欢诸葛亮，这个没得讲，因为他实在太聪明了，而且是个预言家。他有个癖好就是特别爱送锦囊，一送就送三个，各个妙用都不同。

诸葛亮"败"在哪里？

可是也因为他喜欢送锦囊，所以他的工作量大，他要去预想所有的下属遇到的所有情况，这个下属会产生什么情况，那个下属会产生什么情况，最后应该选择什么方案。所以，别人都说诸葛亮是病死的，其实他是累死的，因为他的病主要是累出来的。

如何避免蜀汉创业团队的悲剧？

于是我们看到了一个很有趣的现象：刘备、关羽、张飞、诸葛亮，蜀汉集团创业核心四人组，成就他们传世英雄的特质，也是最后让他们成为英烈的特质。

四个人中，行为风格上，是张飞和关羽比较快，还是刘备和诸葛亮比较快？是张飞和诸葛亮比较关注事，还是关羽和刘备比较关注事？四个人身上一定都有 D、I、S、C 四种类型的特质，张飞在团队里面发挥作用最大的特质是 D，关羽在团队里面发挥作用最大的特质是 I，刘备在团队里面发挥作用最大的特质是 S，诸葛亮在团队里面发挥作用最大的特质是 C。

> “蜀汉纵然有这样传奇的四位英雄，却最终没有一统天下，从团队角度来说，原因在哪里？没有在一起，没能形成一个紧密的团队。”

问题：缺乏有效的互动

请教各位，这四个人是分开的时候死的，还是在一起的时候死的？都是分开的时候。关羽，一个人守荆州，死了；张飞去报仇，死了；刘备再去报仇，死了；留下诸葛亮，慢慢累死。蜀汉纵然有这样传奇的四位英雄，却最终没有一统天下，从团队角度来说，原因在哪里？大家说是因为没有一起死；或者更准确一点，没有在一起，没能形成一个紧密的团队。团队形成力量的关键是主要团队成员要保持紧密联系，有共同目标，并且能够经常互动。可是由于蜀汉当时的条件限制，他们没有办法做到哪怕人不在一起心也在一起。

解决方案一：加强团队沟通

我们现在可以通过很多手段，比如电话联系、网上办公等，做到哪怕出差，还是能够心在一起，工作在一起。蜀汉最后没能一统三国，没能取得天下，真的只有一个原因，就是那时没有华为 mate。只要有了华为 mate，大家有事没事通个电话，特别是视频通话，很多问题就能得到解决；如果能打个飞的（指乘飞机出行），那就更厉害了。

首先是张飞不会死于非命。张飞打了下属，打得皮开肉绽，这个时候下属拍了一个视频，直接传到网上，或者拍一个视频，直接发给刘备。刘备的华为 mate 一收到视频，觉得出大事了，于是打个飞的跑过来，一路上眼泪狂飞；一到下属那里，马上俯下身来抚摸他的伤口；看到鞭痕就开始流泪，泣不成声；最后看到有脓有疮，还趴下去舔脓舔疮。说真的，刘备做得出来，所以不要以为刘备好当。很多人讲，刘备好当，只要哭一哭就好了，其实没有任何一个领导是好当的。

你要做的是你选择当什么和能够当什么，刘备可不是一般人能够当的。第一，你要能舔脓舔疮，一般人舔不了。第二，你要有很多本事，除了流眼泪，还要会扔孩子，而且扔的还是自己的孩子。你不但要扔自己的孩子，还要知道往哪扔，你真往地上扔的话，有多少孩子都死了或者傻了。你一定要往赵云身上扔，因为赵云会武功，你扔过去他伸腿一撩就接住了。

另外请注意，一个任务，派有能力的下属去执行固然重要，但下属本身的特质更重要。你要扔自己的孩子，你要选择往会武功的人身上扔，可是更重要的是你要选择往赵云身上而不是张飞身上扔。张飞的性格和赵云不一样，张飞也有能力，但是你要是把孩子扔过来，张飞的第一反应很可能是一脚踢开。所以有的时候你觉得很奇怪，这件事情下属明明有能力做，可为什么给我做成这个样子，原因只在于你不是真的了解他。

刘备把所有的事情都做到位了，下属还会砍张飞的脑袋吗？下属要去砍张飞脑袋的时候，他以前长过脓疮的地方就发痒，他会想："这样不行，大老板会太伤心。大老板曾救我一命，我还是放过这个混蛋，自己逃命去吧。"于是，张飞的脑袋不那么容易丢，这是其一。

其二，关羽守荆州，他有三大癖好：看书、保养胡子、带队干仗。这时电话来了，一看是军师的电话，"喂，军师，啥事啊？"诸葛亮说："二哥，没事，了解一下您的情况。"关羽肯定很消停："没事啊。"诸葛亮很聪明："二哥，只要有您在，哪怕有事也会变得没事，但因为我职责所在，所以麻烦把糜芳和傅士仁的电话给我，我要检查工作。"诸葛亮是何等精明的人，一通电话打下来，效果那是立竿见影：第一，糜芳和傅士仁大概率会向诸葛亮反映问题，然后在诸葛亮的斡旋下情况不致恶化；第二，糜、傅二将在接完电话之后，可能因为受到震慑而改变主意；第三，即使糜、傅二将已决意叛变，诸葛亮也很有可能产生警觉，从而提前布置。我不敢说只要诸葛亮打完电话一定可以解决危机，但至少大大降低了危机发生的概率。所以这也是我们经常讲的一点，一个团队里面的成员，要学会打配合，做组合。

解决方案二：完善公司治理结构，避免个人独裁

我收集和分析了 96 个企业案例（虽然样本量 200 个以上才比较有说服力，但是我觉得已足以提供一些借鉴），得出了一个结论：在研究中国民营企业兴衰成败的过程中，你要判断一家民营企业是怎么垮台的，只需要看这家企业的第一桶金是怎么赚的。正如蜀汉的上述四位英雄一样，同一种特质，是让他们成为英雄的原因，也很可能是让他们成为英烈的原因。在这 96 个案例中，只出现了一个例外，这家公司成功的地方在于它最终形成了真正完善的企业治理结构。公司上市并不能代表治理结构完善，因为哪怕上市，很可能董事会也是创始人一个人控制的。为什么治理结构完善的企业就可以逃脱“魔咒”？因为在这类公司里面，企业家开始清晰地知道，不应该每件事情都是创始人一个人说了算，企业的决策一定要建立在团队的基础之上。如果只是创始人一个人说了算，企业所有的重大决策全靠一人驱动，会埋下很大的风险；但是如果企业有了良好的治理结构，就可以借助群体决策来规避很多风险，企业也因此摆脱了企业家个人特质所带来的各种问题，从而健康持续地发展下去。

现在企业治理主要有两种方式：一种方式是企业治理结构的真正完善与均衡；第二种方式是在必要的时候，像华为公司一样，施行轮值 CEO 制。

2011 年圣诞节前后，华为总裁任正非撰写的内部文章《一江春水向东流》引起整个行业巨大反响。文中任正非回顾了华

为这么多年的治理经验，认为华为的核心制度是轮值 CEO 制，由 8 位领导轮流做公司的最高首长，每个人做半年，其他人做副总裁。他有几句原话是：“这比将公司的成功系于一人，败也是这一人的制度要好。每个轮值 CEO 在轮值期间奋力地拉车，牵引公司前进。他走偏了，下一轮的轮值 CEO 会及时去纠正航向，使大船能早一些拨正船头。避免问题累积过重不得解决。”

在此提醒大家，在这个一天的变化可能超过我们的爷爷奶奶一辈子变化的时代，作为一名企业家，如果你还是在靠个人打拼，而不是打造团队的力量共同奋斗，你就很难取得持久且辉煌的成功。而打造一个团队的基础至少是，我们要学会尊重对方的行为风格，尊重对方的特质，善于做对方的搭档。把这点做好之后，我们的特质就能真正帮助我们，成为我们的优势，而不是限制我们，成为我们的障碍。

模块五

调整自己的性格特质：《西游记》取经团队的启示

为什么说唐僧和孙悟空取经前后好像换了人

初学 DISC 理论最容易遇到的问题是，会不知不觉中陷入贴标签的误区，既为自己贴标签，也为别人贴标签。你会说，你自己是什么特质，所以你就怎样；某个人是什么特质，所以他就怎样。有时候讲再多道理也是没有意义的，单听道理接受起来并不容易，所以我们也举一个团队的例子来说明，既然谈过《三国演义》蜀汉的创业团队，我们就看另外一个团队，即

> “初学 DISC 最容易出现的问题是，会不知不觉中陷入贴标签的误区，既为自己贴标签，也为别人贴标签。”

《西游记》取经团队。唐僧、孙悟空、猪八戒、沙僧，他们在团队中分别表现出来的是什么特质？

首先看唐僧，D、I、S、C 四种特质，他在整个团队中表现出的最强的特质是什么？有人说是 S，有人说是 C，还有人说是 D，甚至有人说是 I。由于学习 DISC 的时间还短，不能判断唐僧的哪种特质最高很正常，但一定要有能力知道他哪种特质不是最高。唐僧在四人取经团队中不可能 I 型特质最高，因为你能想象他一边唱着 Rap，一边跳草裙舞吗？除非你看的是《情癫大圣》。然后来看孙悟空，他在取经团队中什么特质最高？有人说是 D，有人说是 I，还有人说是 C，甚至有人说是 S。孙悟空 D、I、S、C 四种特质都有，但是最高的不可能是 S。孙悟空哪怕被压到五指山下，都还有一颗异动的心。猪八戒什么特质最高？这个意见比较统一，I 型特质，整天大大咧咧，显得没心没肺。沙僧什么特质最高？ S 型特质，取经全程没有几句话，显得默默无闻。

一个人的特质有可能发生调整和改变，本节用一个新的角度带大家看这四个人在进取经团队前后所表现出的角色的变化。

唐僧

由 S 型特质调整到 D 型特质

唐僧进团队之前是一名虔诚的出家人，一天到晚诵经为生。他的身世非常凄惨，还没出生父亲就被强人沉了江，母亲被迫随着强人去冒充他父亲上任，他是被僧人从江里面捞出来的，所以出了家。后来机缘巧合报了仇，父亲被龙王救活，但母亲却自杀了，唐僧断了念想，于是更加一心向佛。

组建取经团队前的唐僧，身上最高的特质无疑是 S。可是在西天取经的路上，唐僧带着 3 个妖怪徒弟去打其他妖怪，他在团队里运用最多的特质无疑是 D，而不可能是 S。他在念孙悟空紧箍咒的时候有怜悯之心吗？没有，恨不得念死这个猢狲，让你知道为师的厉害。所以，唐僧在四人取经团队中运用最多的特质不是他本体的 S，而是 D，叫不达目的誓不罢休。其他的 3 个徒弟，都有可能中途开溜：孙悟空只要把紧箍咒拿掉，他就回去做美猴王了；猪八戒只要路上有美食、美景、美女，他就会嚷嚷着留下来；沙僧是这样的——大师兄不在了，二师兄不在了，那他也走了。即使三个徒弟都走了，唐僧会不会继续向前？一定会。哪怕妖怪杀他、吃他、硬要他入赘，哪怕美女国王把王位让给他，他也一定要向前，叫舍得一身剐，也一定要去西天。从一个 S 型人，变成了一个 D 型人，这就是唐僧。

孙悟空

由 D 型特质调整到 C 型特质

在西天取经之前，孙悟空是美猴王、弼马温、齐天大圣，这个阶段的孙悟空，身上最高的特质无疑是 D。

先来看下孙悟空的“职业发展”路线，以及他最关键的转折点。孙悟空学到一身本领之后，他确实到处惹是生非，但他做的第一件事情是回到花果山，把猴子猴孙叫过来，继续当他的美猴王。后来玉皇大帝给了他一个弼马温的官，猴子管马，官方钦定的职业，就兴高采烈上任了。干了一段时间发现官太小，一怒之下不干了，打出南天门，回到花果山，扯起了齐天大圣的旗号。

接着来看孙悟空的选择。他到阴曹地府是改生死簿还是藏生死簿？他是改生死簿。I 型人是你找不到我就行，可是 D 型人是，你竟然敢管我，那我不但要改我的，还把我猴子猴孙的全改掉。这给了我们一个启示：对 D 型人和 I 型人，在离职处理方法上应有所区别，因为他们可能带来的危害程度不一样。

在西天取经的路上，跟着师父、带着师弟们一起取经，这个阶段的孙悟空一定是 C 型特质最高。四师徒里谁走在最前面？孙悟空。因为唐僧只讲往西、往西、往西，而路线的选择全是孙悟空来做。化缘是谁的事情？按说是猪八戒的事情，因为猪八戒不跟人打交道，就像花儿没了阳光。但猪八戒的能力有限，他化不到缘的时候就得孙悟空去，因为一个跟头十万八千里。打妖怪是谁的事情？孙悟空。打妖怪打不赢搬救兵是谁的事情？还是孙悟空。为什么这些事情都是孙悟空在做？因为没有人做得比他更好，他成了一个技术专家。孙悟空从 D 型人，变成了 C 型人。

猪八戒

保持 I 型特质不变

猪八戒为什么容易判断？因为他的行为特征在加入取经团队前后保持了高度的一致性。那么他加入取经团队前后没变的是什么？有人说是“好色”，这个话让人很难接下去，我想说猪八戒加入取经队伍前后没变的是他的 I 型特质，那是否意味着 I 型特质就等于好色了？完整的表达应是这样的：猪八戒加入取经团队前后没变的是 I 型特质占主导，好色是 I 型特质在猪八戒身上的体现。一个具有调控能力的人，可以根据情况调整自己的行为，也可以选择保持一致性。

沙僧

保持 S 型特质不变

沙僧为什么很容易被判断是 S 型人？因为他在团队中的作用不明显，电视剧《西游记》里基本上没有沙僧的单独镜头，除了收服沙僧的那集，只要摄像师把镜头对准了沙僧，就代表要拍团队照了，以证明取经团队里还是有这个人的。在进取经团队以前，沙僧是凌霄殿前的卷帘大将，为什么会下放到流沙河当妖怪？原因不过是打碎了玉帝的琉璃盏。如果孙悟空打碎了琉璃盏，他会怎么办？孙悟空会多打几个，反正声音好听。而沙僧打碎了琉璃盏，就只能面带微笑、眼含热泪下去当妖怪。

> “只要摄像师把镜头对准了沙僧，就代表要拍团队照了，以证明取经团队里还是有这个人的。”

孙悟空大闹天宫的时候有没有去想一个问题：我打得赢打不赢，打得赢我就大闹天宫，打不赢我就走为上策？孙悟空没有想过这个问题。沙僧有没有去想一个问题：我打得赢打不赢，打得赢我就打，打不赢我才下去当妖怪？沙僧也没有想过这个问题。所以我做一个推测，沙僧哪怕有孙悟空的本领，他依然会下去当妖怪；孙悟空哪怕只有沙僧的能力，他还是会选择大

“某些时候性格决定命运，甚至与你能力没有关系，因为能力是在作出选择之后才会发挥作用的。某些时候之前并没有这个能力，但是因为作了这个选择，所以能力在不断提升。”

闹天宫，只是因为很快就被灭了，形不成影响，所以不为人知。于是我们看到的是，面对同样的情境，一个人的能力是他作出选择之后才会发挥作用的，于是我们再套入俗语：同样的环境作出不同的选择，不同的选择形成了不同的结果，不同的结果形成不同的命运。而这个同样的环境作出不同的选择是因为一个人的性格，所以叫性格决定命运，当然要加个前提——某些时候。某些时候性格决定命运，甚至与能力没有关系，因为能力是在作出选择之后才会发挥作用的。某些时候之前并没有这个能力，但是因为作了这个选择，所以能力在不断提升。

调整性格特质的两个关键点

调整自己的性格特质，有两个关键点。

调整力有多强，影响力就有多大

现在假设取经四人团队是一个迷你企业，请各位帮这个迷你企业设置职级。这四人形成了一个迷你团队，两个是高管，两个是基层，以每个人在团队中的作用、贡献和不可缺少性，你会让哪两个当高管，哪两个当基层？唐僧和孙悟空应该是高管，猪八戒和沙僧应该是基层。

如果大家都同意这样设计职级的话，我们接着做一个游戏，我给线索，大家给结论。线索是，高管的唐僧从 S 型人变成了 D 型人；高管的孙悟空从 D 型人变成了 C 型人；基层的猪八戒继续当 I 型人；基层的沙僧继续当 S 型人。你们得出的结论是什么？职位发生改变，行为发生调整。企业和团队里面越是高管，越要有能力调整自己，普通员工则关系不大，做好自己就行。所以你要换个角度来想一个问题：你真的就想一直做普通员工吗？不是说普通员工不好，而是你要去调整思路，不要每次都觉得我就这样了，我为什么要改变，要改变的是别人啊。为了在团队中形成更大的影响力，你就必须有能力调整自己，因为我们强调 D、I、S、C 是可以调整和改变的。把手往前伸，接着往后扬，“一二三，WOOSH”，让这一段成为过去。

“为了在团队中形成更大的影响力，你就必须有能力调整自己。”

区分战场法则和家庭法则

在运用 DISC 理论的时候，不要给自己找借口，而是要告诉自己，为了在团队中形成更大的影响力，因此要主动调整自己的性格特质，这是其一。其二，我们要非常清楚地知道，任何分类都难免存在局限，D、I、S、C 的分类会让我们由于给人贴标签而产生裂痕，而只有一个东西可以把这个裂痕弥合，那就是“家”的文化，我们也可以叫作“爱”，或者说“来自内心的感恩”。

经营企业为什么难？经营企业有两套法则：第一套法则叫战场法则，第二套法则叫家庭法则。战场法则是，叫你去冲锋你不冲锋怎么办？军法从事。家庭法则是，叫你看电影你不看电影怎么办？有人说换了你，这显然是玩笑话。叫你看电影不看电影，家庭法则是，那就去吃饭，那就去逛街，那就下次再看—反正只要开心就好。

> “对领导者来说，两个方面都很重要：战场法则能让企业做大做强，家庭法则能让企业做长做久。”

战场法则是先追求结果，然后再照顾感受；家庭法则是先要追求感受，解决方法有无限种可能。对领导者来说，两个方面都很重要：战场法则能让企业做大做强，家庭法则能让企业做长做久。如果你只会战场法则，企业起来得快，倒下也很快；如果你只用家庭法则，企业就变成了福利社，最后会连经营都成问题。

DISC 学习四句教

王阳明心学有四句教，是心学的核心：“无善无恶心之体，有善有恶意之动，知善知恶是良知，为善去恶是格物。”我这里借鉴心学的四句教，总结了 DICS 学习的四句教，在此与大家分享。

首先，四种特质是没有优劣之分的，所以我们讲“无优无劣是特点”；其次，每种特质都可能成为优点，也都可能成为缺点，因此本质上不是好不好，而是合适不合适，所以我们讲“有优有劣因环境”；再次，如果你能够分辨某种格特质对自己是好还是不好，这靠的是你的敏感度，所以我们讲“分辨优劣靠敏感”；最后，如果你对自己的优劣势做好管理，让优势发挥出来，让劣势不再成为劣势，这就是你超越常人的能力，所以我们讲“扬长避短是能力”。

DISC 四句教

无优无劣是特点

有优有劣因环境

分辨优劣靠敏感

扬长避短是能力

编者手记

上篇是领导力的知人篇，海峰老师对 DISC 理论及其应用做了系统的讲解，包含的 5 个模块可以分为 3 个部分。第一部分是模块一，介绍行为风格理论，这是 DISC 理论建立的基础，说明为什么要学 DISC，也就是 why。第二部分是模块二和模块三，系统地介绍了 DISC 理论的内核，同时分析了每种特质的优缺点（即挑战和优势）。学完这个部分后，我们基本上可以准确地判断身边人的特质类型，因此，这个部分讲 DISC 是什么，也就是 what。判断出特质类型后，我们究竟应该怎么做呢，最后一个部分回答了 how 的问题，这个部分包括模块四和模块五，每个模块提供了一种解决方案：防止优势成为劣势、调整自己的性格特质。我们要怎么做？梳理一下其实很简单，两条路径：一是靠自己，二是靠别人。怎样靠自己？首先要知道自己是什么特质，清楚自身的优势和劣势，然后一是“扬长”，防止优势成为劣势；二是“避短”，调整自己的性格特质。仅靠自己还不够，还要靠别人。怎样靠别人？首先也要知道别人是什么类型的特质，有什么优势、劣势，然后一是“扬长”，把别人

拉过来，组成团队，共同前进；二是“避短”，增强团队沟通，相互提醒，防止走偏。

在模块一中，海峰老师首先理清了三对概念。一是“行为”和“情绪”，行为影响情绪，不仅影响自己的情绪，还影响他人的情绪；二是“认识”和“了解”，认识不等于了解，能够叫出一个人名字，并不代表你真正了解他；三是“付出”和“投入”，管理一个人的付出，不如激发一个人的投入。其次，海峰老师结合服装店销售员的案例，谈到了对人敏感度的三个层次：一是“识别”，观察不同性格特质的人做出的不同反应；二是“运用”，知道什么是你的目标对象想要的；三是“管理”，知道什么是你的目标对象能够接受的。最后，海峰老师通过做游戏的方式引出研究行为风格理论的两个基础：第一个游戏是“双手交叉握”，人的行为是有倾向性的，握手是这样，看人也一样；第二个游戏是“描述一个圆”，建立“坐标系”，能够科学地帮助我们更好地描述事物。

模块一 行为风格理论

3 三对概念 行为风格理论	行为→情绪 行为影响情绪	认识≠了解 认识不等于了解	付出<投入 管理付出 不如激发投入
3 三个层次 对人敏感度	识别 观察不同人的反应	运用 知道什么 是目标对象想要的	管理 知道什么是 目标对象能够接受的
2 两个基础 行为风格研究	行为的倾向性 握手是这样， 看人也一样		研究的科学性 建立“坐标系”， 可以更好地描述事物

模块二紧接着模块一，由行为的倾向性和方法的科学性，首先引出了 DISC 的两个维度：第一个维度是“关注事，还是关注人”，第二个维度是“直接（快），还是间接（慢）”。由此归纳出两个团队原则：一是“打配合，做组合”，二是“从他人的角度出发”。然后根据两个维度，将人的行为风格按照 2×2 矩阵分成共四种类型，即对应了 D、I、S、C 四种特质。最后对每种特质分别进行了描述，介绍了其典型特征和与该种特质的人相处的基本原则，并各举了一个典型人物。D 型人关注事，行动快，代表人物是拿破仑；I 型人关注人，行动快，代表人物是克林顿；S 型人关注人，行动慢，代表人物是甘地；C 型人关注事，行动慢，代表人物是比尔·盖茨。

与 D 型人相处的五条基本原则：第一，不要对 D 型人造成压迫感；第二，汇报要点；第三，预防 D 型人过快作决策；第四，工作上的事情随时找他；第五，婉转地提醒错误。

与 I 型人相处的六条基本原则：第一，热情地回应；第二，用副词修饰强烈的情感；第三，运用幽默而独特的词汇；第四，夸赞他“很有趣”；第五，强调你的感受；第六，坚持。

模块二 DISC 的内核

两个维度

关注事 / 关注人

直接（快）/ 间接（慢）

两个原则

打配合，做组合

从他人的角度出发

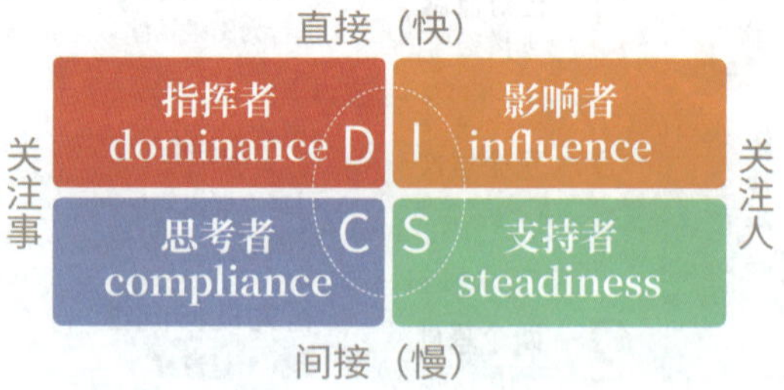

与 S 型人相处的两条基本原则：第一，多一两句温暖的话语；第二，多一些关怀与包容。

与 C 型人相处的四条基本原则：第一，时刻保持距离；第二，经常用数字说话；第三，注意让 C 型人说话；第四，善用比较法。

模块三提出了 3 个问题：哪种特质的人最适合做领导？哪种特质的人最适合做销售？哪种特质的人最适合做行政？许多人会不经意间中了海峰老师的埋伏，其实每种特质都有自己的优势和劣势，都适合做领导，都适合做销售，也都适合做行政；没有最适合，只有更适合，只是看你有没有扬长避短而已。海峰老师通过生动的例子点评了每种特质的挑战和优势。首先是 D 型特质，挑战是速度过快，团队跟不上步伐，还有不善于授权，下属的猴子跳到肩膀上；优势是擅长意志的斗争和信心的传递。然后是 I 型特质，挑战是描述的愿景不能兑现；优势是善于描述，营造体验氛围。接着是 S 型特质，挑战是不善于应变，不敢出手；优势是善于从对方的角度出发，为对方着想。最后是 C 型特质，挑战是对他人要求高，很难亲近，同时对自己要求高，不易快乐；优势是善于庖丁解牛，抓住关键问题进行引导。

从模块二到模块三，海峰老师层层深入，由两个维度到典型特质和相处准则，再到优势、劣势，让我们对每一种类型的特质都了如指掌，判断起来轻松自如。学会识别之后，海峰老师在模块四和模块五中讨论的是如何运用、如何管理，也就是怎样用好 DISC 理论。

模块四提供了一种办法：防止优势成为劣势。模块开始，海峰老师着重讲了对待差异三个阶段的态度，首先是忍受，然后是接受，最后是享受。这三个词汇的确阐述了很多道理：开始时因为自己的思维定式和行为倾向，与自己差异大的人相处往往只能咬牙忍受；后来随着沟通的加强，慢慢了解彼此侧重的不同，勉强可以接受双方的差异；最后，因为有了较高的人际敏感度，发现自身的劣势很可能就是对方的优势，自己很久都没能解决的一个问题对方不费吹灰之力竟然解决了，这种差异反而成了一种享受。之后，海峰老师用《三国演义》中蜀汉创业团队的成败进一步阐述了这个道理。张飞长坂坡上一声大吼威名天下扬，是因为他的 D 型特质，但被下属趁着醉酒刺杀

模块四 防止优势成为劣势					
	三个阶段 对待差异	忍受 因为思维定式	接受 因为沟通增进	享受 因为优势互补	
	蜀汉创业团队 成败启示	D 张飞 成：长坂坡一声怒吼 败：被下属刺杀	I 关羽 成：温酒斩华雄 败：大意失荆州	S 刘备 成：桃园三结义 败：战败病死	C 诸葛亮 成：锦囊妙计 败：病死军营
		解决方案	加强团队沟通	完善公司治理结构	

同样因为他的 D 型特质；关羽汜水关前温酒斩华雄英名流传千古，是因为他的 I 型特质，但其大意失荆州同样因为他的 I 型特质；刘备桃园三结义奠定白手起家之路，是因为他的 S 型特质，但怒而兴兵复仇被火烧连营以致惭怒而死同样因为他的 S 型特质；诸葛亮以锦囊计闻名于世，是因为他的 C 型特质，但其累死于五丈原同样因为他的 C 型特质。的确，我们可以清晰地看到，一个人的优势，如果运用不当，往往反而会成为他的劣势，所谓“成也萧何，败也萧何”。如何避免蜀汉创业团队的悲剧呢？海峰老师提供了两种解决方案：一是加强团队沟通，二是完善治理结构。通过团队的力量，取长补短，防止优势成为劣势。

模块五结合《西游记》取经四人团队的案例，谈了如何调整自己的性格特质。在四天取经的路上，S 型特质的唐僧把自己的特质调整为目标明确、处事果断的 D 型特质，D 型特质的孙悟空把自己变身为具有 C 型特质的技术专家，而猪八戒保持 I 型特质不变，沙僧保持 S 型特质不变。海峰老师得出结论：调整力有多强，影响力就有多大，为了在团队中产生更大的影响力，

模块五 调整自己的性格特质	《西游记》四人取经团队成员特质调整	唐僧 **S 调整为 D**	孙悟空 **D 调整为 C**	猪八戒 **保持 I 不变**	沙僧 **保持 S 不变**
		调整力有多强，影响力就有多大 为了在团队中产生更大的影响力， 你就必须有能力调整自己			
	两套法则	战场法则 **让企业做大做强**		家庭法则 **让企业做长做久**	

你就必须有能力调整自己。在调整自己的同时，我们还要通过“家”的文化来弥合由于给人贴标签而产生的裂痕。经营企业有两套法则：第一套法则叫战场法则，第二套法则叫家庭法则。对企业领导者来说两个方面都很重要：战场法则能让企业做大做强，家庭法则能让企业做长做久。

领导力的起点是“知人”。通过 DISC 理论学习，我们学会了如何“知人”，既增强了对自己的认识，又增进了对他人的了解。更重要的是，我们学会了用一种全新的眼光来看待人与人之间的不同：差异，不再是矛盾的起点，而是创造的源头。

中篇

领导力之善任

- 把人放对位置之一：团队管理
- 把人放对位置之二：选拔人才
- 把人放对位置之三：培训人才
- 团队有效互动技术之一：教练技术
- 团队有效互动技术之二：沟通技术

模块六

把人放对位置之一：团队管理

团队管理的两种境界

团伙

一群乌合之众在一起

团队

成员技能互补、沟通和谐并取得出色绩效

当我们的人际敏感度培养到了一定程度的时候，对于团队的理解可以进入一个新的境界。一群乌合之众在一起只能叫团伙，只有在成员技能互补、沟通和谐并取得出色绩效时，才能称为团队。所以团队存在的基础是每一个人在团队中得到了价值的提升，否则团队对他来讲就没有吸引力。我们在衡量团队的时候通常有两个指标：一是现有的绩效，二是团队的凝聚力。如果一个人认为离开团队的绩效要比在团队中高，他很可能就会离开这个团队；如果他认为在团队中的绩效要比离开团队的绩效高，他很可能就愿意待在团队里。

团队成员数量的管理

团队成员最好在 5 人以内

团队成员的数量不是越多越好，现代企业管理理论告诉我们，高级管理者的有效管理幅度是 7。这个 7 包括上司和自己，当然如果你是老大，虽然没有了上司，但你通常会有一个最直接的下属，因此建议你的团队成员（或直接下属）最好在 5 个人以内。如果要带领 5 个人以上的团队，它对管理能力的要求是很高的，团队领导者也会觉得很累。我们常常看到，当带很多人的时候，就会进行分组。

企业老板带副总不要超过5个，否则就会降低效率。对这 5 名副总，最简单的沟通办法是一天拉一个出去吃饭，一周 5 个工作日刚刚好。

> “高级管理者的有效管理幅度是7，因此建议你的团队成员（或直接下属）最好在 5 个人以内。”

减少用人问题带来的危害

团队成员的数量之所以不是越多越好，是因为随着团队成员人数的增加，成员间的沟通也变得越复杂，在用人上出现问题的可能性就越大。用错一个人的成本，是远远高于他自身的工资的。首先是商机的损失，如果他是个中高级管理者，没有把握住商机，甚至让企业错失了上台阶的机会，损失就无可估量。

用错一个人的成本

对外

商机的损失
商誉的损失

对内

内部沟通成本增高

其次是商誉的损失，如果你对公司的重要客户说“不好意思，我公司的某某某又离开了”，即使对方觉得市场条件下人员自由进出很正常，但是要重新对接也必然会产生新的成本。除了对外的商机和商誉的损失，团队内部的沟通成本也很高，尤其当公司的知识管理体系不完善时，造成的损失非常大。因为如果你公司的知识管理和客服网络做得不够完善，当关键人物离职后，很多经验并没有被记录，也就无法继承下来。许多时候交接工作是要看人品的，如果时间太紧或离职员工对自我没有高要求，中间信息的流失率会很高。用错一个人，对外有商机、商誉的损失，对内有组织沟通的损失，所有同事要重新调整去配合一个新人，确实成本很高。

在听到一个概念之后，大家要想是否可以从其他角度来运用它。刚才讲到用错人对团队造成的损失，从另一个角度来说，高昂的适应成本反过来也帮助团队留住了核心骨干。因为当他决定离开的时候，到一个新的企业，他要重新建立人脉，重新熟悉产品，重新建立社交圈，这都是他能看得到的损失。其实，如果一个人在职业生涯中能够稳定地积累资源，将会是他核心竞争力的一个重要来源。所以请大家除了关注团队成员的数量之外，还要关注团队的质量。

强化团队角色认知

团队管理，管的是人。其核心在于强化各团队成员的角色认知，这就要用到DISC作为工具了。在当前主流的行为风格理论中，DISC是一种典型的四型人格分类法。还有一种是九型人格分类法，例如把人分为完美型、助人型、成就型、自我型、理智型、忠诚型、活跃型、领袖型和和平型。

我们选择DISC主要有两个原因：第一，DISC更通俗易懂。人的大脑有一个特点，概念罗列超过5个就不好记忆了。如果你想要迅速地去理解和运用，用四型的DISC就好；如果用九型，记忆起来就比较困难。第二，DISC可以升维拓展，通过添加新的维度以运用于精确性高的工作，比如通过PPF模型或DISC软件来生成定制的DISC报告。DISC报告可以提供27种团队角色，每个人都能评估自己“可以成为谁”以及在团队中倾向于承担的职责。

PPF模型是从步调（pace）、观点（perspective）、焦点（focus）三个维度来描述一个人对团队工作态度的方法。

一个人可以通过以下步骤来思考自己在团队中的位置：

第一，在步调上，“我”是深思熟虑的，还是充满活力的？也就是说，“我”是慢性子，还是急性子。步调与DISC理论中的行动慢或行动快相对应。

第二，“我”在表达观点的时候，是喜欢描述细节，还是提纲挈领的？

第三，“我”工作时的焦点是放在人上，还是放在事上？焦点与 DISC 理论中的关注人或关注事相对应。

这三个步骤可以调换顺序。另外需要注意的是，这三个维度都不只有两个选项，而是有三个选项，都多出来了一个“均衡”的选项。例如，一个人认为自己工作时的焦点对人和对事不分伯仲，那么在焦点这个维度就可以选择“均衡”的选项。在 PPF 模型中，三个维度均选“均衡”选项，那么这个人在团队中的角色无疑是个平衡者。

DISC 软件是一个很好的工具。比如我们要销售人员拜访客户，拜访的时候需要整理客户资料，如果没有提供记录的样本，没有提供规范，往往感觉无从下手，可是有了 DISC 软件，只要填好 12 个问题，客户的 DISC 报告立刻就出来了。即使有人离职，接手的人也能立刻衔接起来。

合理搭配，阶段分工

在团队合作的过程中，领导者要合理搭配并且阶段分工。最典型的就是携程四君子的案例（在模块十二中有详细讲述）：季琦创建了携程，梁建章引进了标准和流程，沈南鹏把它做上市，范敏说他愿意在携程待一辈子。这四个人的性格特征非常鲜明，各自都不一样，他们在企业的发展不同阶段让最适合的人和最适合的特质发挥了龙头作用。他们在某一个阶段的某一种特质会特别强，但不会一直保持这种特质。例如，季琦的 I 型特质肯定高，但他的 D 型特质也不会低，否则不可能坚持创业那么久；沈南鹏的 D 型特质很高，但他的 C 型特质肯定不会低，否则写不出很好的投融资报告。

对于每一个企业的领导者来讲，你要思考的问题是：第一，你的团队成员结构是否达成了多元化基础上的平衡；第二，这种多元化基础上的平衡来自哪里，当然最好来自你自己。如果你有足够的包容性，能够与天下人相处，不同特质的人愿意贡献自己的长处，这种多元化基础上的平衡就是最佳的。你要有能力用好各种类型的人，知道他们的专长，并保持有效的沟通。如果你连沟通的能力都没有，你是用不好他们的。

企业的发展有不同的阶段，从没有模式到找到清晰的商业模式，从有清晰的商业模式到融资进入从而开启的投融模式，投融模式之后更要有有效的管理模式，到最后要

“对于每一个企业的领导者来讲，你要思考的问题是：
第一，你的团队成员结构是否达成了多元化基础上的平衡；
第二，这种多元化基础上的平衡来自哪里，当然最好来自你自己。”

企业的三种模式

1
商业模式

2
投融模式

3
管理模式

去融合各种模式。从商业模式、投融模式到管理模式，描绘出一个企业的成长曲线。你要根据企业的成长曲线，把需要的人放在正确的位置。

抓住团队发展的三个关键过渡期

团队发展可以分为四个时期：形成期、风暴期、规范期和绩效期。其中有三个关键过渡期：从形成期到风暴期、从风暴期到规范期、从规范期到绩效期。现在我们结合 DISC 理论，探讨在这三个关键过渡期团队建设应该关注哪些需求，以及团队成员如何实现合理搭配、有效分工。

企业的两种规范

1

规章制度

可以写出来的

2

企业文化

难以写出来的

为了推动团队成员合理搭配、有效分工，往往需要建立一定的规范。团队规范（最终形成企业规范）有两种：一种是可以写出来的，叫规章制度；另一种是难以写出来的，叫团队文化（最终形成企业文化）。团队文化是大家心里都会有的默契，当默契到达一定程度的时候，团队成员各司其职，为了同样的目标而前进。

从形成期到风暴期：找准目标，完成任务

在从形成期向风暴期的过渡中，关键在于找准目标和完成任务。此时有两个特质能发挥专长：一个是C型特质，它对于解决复杂的问题很有帮助，C型人是团队中的专家；另一个是D型特质，随着团队从形成期进入风暴期，团队成员间的分歧会越来越大，这个时候它将发挥关键作用。

创业有两种模式：第一种模式是你投点钱过来，我们让你占些股份，这个是合伙创业模式；第二种模式是你不占股份，你把钱借给我，等有钱了我再还给你，这个是借资创业模式。哪种创业模式更容易成功？我们研究发现，第二种创业模式更容易成功，因为在这种模式下创业者更愿意承担个人责任。在一个团队里面，从形成期到风暴期过渡的领导者必须具备一个特质：即使其他人不配合，只要我一个人还在，我也要让团队的绩效保持在一个较高水平上。有没有这种舍我其谁的观念，是团队能否存活下来的关键。

此时往往是规章制度初步形成的时期，团队文化也常常奠基于此。

企业发展不同时期的不同需求

1
从形成期到风暴期
找准目标，完成任务

2
从风暴期到规范期
表达看法，了解差异

3
从规范期到绩效期
形成默契，各司其职

从风暴期到规范期：表达看法，了解差异

在从风暴期向规范期的过渡中，我们要学会表达各自的看法，了解彼此的差异，有时候冲突产生的原因不是我们看到的东西不一样，而是我们各自强调的重点不一样。盲人摸象的局限在于我们每个人只看到一块地方，看到的只是局部，可是现代团队里面我们都有机会看到所有部分，看到整体，只是看到了所有部分并不代表我们都在强调整体。此时有两个特质能发挥专长：一个是 S 型特质，维持团队的和谐团结离不开它；另一个是 C 型特质，团队的规范化建设离不开它。

此时往往是规章制度正式形成的时期，团队文化也常常正式形成于这个时期。

从规范期到绩效期：形成默契，各司其职

在从规范期向绩效期的过渡中，团队成员之间重在形成默契，各司其职。此时不是某种特质主打天下的时期，各种特质都能发挥专长。一个重要原因是，对团队规范的要求已经较为成熟了，单个领导者的特质对企业发展的影响已经不是关键制约因素。

正是因为这个时期对团队规范的要求很高，我们在辅导处于这个时期的企业时，都会协助它们形成团队规范。团队规范的两个部分，规章制度好做，团队文化则让许多人摸不着头脑。运用 DISC 理论，可以帮助企业迅速实现团队文化同步，无论你是什么特质的人，只要按照一定的规范，你都可以很好地来管理自己的性格，发挥自己的优势。

公司在这个时期往往存在以下问题：一是布置工作没有标

准，领导者布置的很多工作完成之后，却没有标准检验完成的质量；二是工作布置下去没有及时跟进；三是造成损失的时候领导者不肯承担责任，下属觉得领导者没有担当；四是领导者在获得利益的时候不去分享荣誉，下属觉得领导者不懂分享。分析来看，这四个问题其实对应着 D、I、S、C 四种类型的特质，各种特质的人通过发挥自己的优势就能够解决这些问题：布置工作定标准主要用到 C 型特质，关心下属问过程主要用到 S 型特质，造成损失担责任主要用到 D 型特质，获得利益共分享主要用到 I 型特质。

S 型人往往害怕冲突，发现了上司、下属或同事的错误不敢指正，不好意思说出来。D 型人和 I 型人，批评别人的时候往往带有很浓重的个人情绪，却又不说出到底有什么建议。C 型人在看到别人成绩的时候往往不愿意表扬，他们觉得如果表扬一个人，那这个人就会把尾巴翘到天上去了。

如果我们针对不同特质来设计团队文化，并且把它变成规范，成

团队文化如何迅速同步？

C

布置工作定标准
看到成绩要表扬

S

关心下属问过程
发现错误要指出

D

造成损失担责任
批评帮助提建议

I

获得利益共分享
欣赏鼓励赞人品

为团队共同的行为准则，那么无论你是 D、I、S、C 哪种特质的人，都可以从中找到遵循。如果你是 C 型人，我会提醒你，看到成绩要适时表扬一下；如果你是 S 型人，我会提醒你，发现错误要指出来；如果你是 D 型人，我会提醒你，批评帮助的时候要提建议；如果你是 I 型人，我会提醒你，要懂得欣赏和鼓励他人。当大家都能遵循规范的时候，你会发现团队在融合的过程中会配合得更好。

调整自己的性格特质，开展情境领导

在模块五中我们知道，为了在团队中形成更大的影响力，领导者应主动调整自己的性格特质。情境领导理论由行为学家保罗·赫塞和肯尼思·布兰查德提出，该理论认为领导的成功取决于下属的成熟程度以及由此确定的领导风格，因此，领导者应该根据下属的成熟度来选择正确的领导风格。根据能力和意愿两个维度，赫塞和布兰查德将下属的成熟度从低到高划分为四个阶段：一是既没能力，也没意愿；二是有能力，但没意愿；三是没能力，但有意愿；四是既有能力，又有意愿。与 DISC 理论中的关注人和关注事相对应，领导风格由两个维度决定：一是关系；二是任务。情境理论从关系和任务两个维度划分出四种情境领导模式：一是命令型（低关系、高任务）；二是参与型（高关系、低任务）；三是说服型（高关系、高任务）；四是授权型（低关系、低任务）。

对能力不强，意愿也不高的员工：I 型和 D 型特质相结合

在任何公司都会有一些员工，每次考核都靠后的那种，这些员工能力不强，工作意愿也不高，在很大程度上表现为 S 型特质占主导，对于这些员工运用 I 型领导风格会好些，目的是让他们愿意去做。现在有一个问题：这些员工不仅没有意愿，而且没有能力，你觉得有能力更重要，还是有态度（意愿）更重要？不同的人会有不同的答案，这就是命令型领导和参与型领导的区别：命令型领导强调的是任务，D 型特质占主导，他们认为有能力更重要；参与型领导强调的是关系，I 型特质占主导，他们认为有态度更重要。从组织发展的角度来讲，在运用 I 型特质的时候，必须与 D 型特质相结合，对员工工作绩效的提升提出明确要求。对于 S 型特质的员工来说，领导者用 I 型特质可以监督他，但是不够强势，D 型特质就非常强势，可以弥补 I 型特质的不足。

要注意对员工成熟度的判断，如果员工做得很一般，领导者还不断示好，很容易让员工误以为自己已经达到标准了。我公司之前有个前台，给我发条短信是这么写的：“老板，今天很困，请假回去睡一上午。”如果这个时候我用 I 型特质，我会说：“没问题，睡饱了再来，但是记得要完成工作。”这说明两点，第一，我在给她安全感；第二，我平时对她的要求

> “要注意对员工成熟度的判断，如果员工做得很一般，领导者还不断示好，很容易让员工误以为自己已经达到标准了。”

不严。员工的低绩效往往是领导的低要求造成的，由于领导没有要求员工必须达到某个绩效标准，或者定了标准没有执行，从而导致员工既没有展现能力，又没有展露意愿。

对能力不强但意愿高的员工：用C型特质加强管理

另外一类员工，能力不一定那么强，但态度非常好，他会跟你讲很多点子，这个时候他呈现的是高I特质。对这类员工领导者要多用C型特质，不要员工的点子，要员工的项目方案，而且是可行性方案，还要有阶段性的检验标准。要明确告诉员工：第一，你不要跟我讲什么点子，你要跟我讲你的项目方案是什么；第二，你直接告诉我项目前期要准备哪些东西，项目中间进行到什么地方设置检查时点，项目完成之后的检验标准是什么，能够为公司的未来发展做哪些积累，对公司未来类似的方案有哪些建议等。做到这些的时候领导者才是在真正协助员工成长，否则你把一个超出他能力的事情扔给他做，一开始他开心，你也开心，但最终结果是大家都不开心。

> “对这类员工领导者要多用C型特质，不要员工的点子，要员工的项目方案，而且是可行性方案，还要有阶段性的检验标准。”

对能力强但意愿不高的员工：用I型特质加强沟通

还有一类员工，他们做事情没有太大问题，能力很强，但由于已经在公司待了很久，对工作产生了枯燥感，热情不高，并且有的时候喜欢发牢骚，总是看别人不顺眼。这类员工的C型特质呈现得多一些，领导者就要以I型特质为主。

有位先生走进厨房里，看到太太在炒菜，他对太太说：“亲爱的老婆，现在把你的右手举起来，右手拿着菠菜在水里摆两下。接下来，亲爱的太太，把你的左手举起来，拿起油瓶往锅里滴两下。接下来是你的右手……”讲到这里的时候，他的太太已经火了，说：“要不你进来帮我炒菜，要不你就不要在这里吵我！”先生说道：“我既不想炒菜，也不想吵你，我就是让你感受一下我开车你在旁边吵我的感受。”所以，为什么要用 I 型特质，因为它在改善人的意愿的时候很强大。

对能力强，意愿也高的员工：用大 S 型特质加强领导

最后一类人让人既爱又恨：这类人能力强，做起事来又有意愿；但这类人用得好时是左膀右臂，用得不好就可能另立山头。对于这类人，由于他们以 D 型人居多，领导者应该用大 S 型特质来加强管理。为什么不是小 S 型特质？用小 S 型特质是放纵，反正你的业绩不错，我就不再干涉你的具体工作了。但是结果往往是，这个人要不是拉人出来单干，要不就让其他人不爽，不管怎么样，最后大家反而会觉得老板无能。

什么是大 S 型特质？就是以 S 型特质为主，同时对其他三种特质的要求非常高。大 S 型特质管 D 型特质，就好像放风筝，注意两个原则：第一个原则是风筝要看得见。这代表下属做什么领导要知道，要让下属养成及时汇报工作的习惯，而且最好是书面的或可记录的。我要求所有的员工至少每周要写工作计划和总结，并通过制度让其成为自觉的行为，而不是可做可不做的。

第二个原则，线要在手上。于是两个方面的因素就很重要：一是授权，二是关注 D 型特质下属的成长。对于授权要逐步放开，从小的信任开始，之后的每个级别设定相应的权限，重点把握两个方面，分别是人和财。

大 S 型特质领导管 D 型特质下属的两个原则

1

风筝要看得见

让下属养成及时汇报工作的习惯

2

线要在手上

一是授权，二是关注 D 型特质下属的成长

我们要关注 D 型特质下属的成长，对其最大的激励就是会在某一天把他升职到更高的位置。可是在把他升职的时候需要一个替补者，所以你要做的第一件事情是对替补者有充分的了解，从而降低用人出错带来的风险。第二件事情，在 D 型特质下属离岗之前他一定会有推荐人选，这时候需要你去做决定，无论谁继任这个位置，你需要和替补者进行充分沟通，而这种沟通在大家有共识的情况下会更容易进行。第三件事情是 D 型特质下属会有一些盲点。例如，前任 D 型特质下属

深受欢迎，新任 D 型特质下属新官上任三把火，可能会和前任商量要他留下什么东西让新任一上来就能得人心。这个时候要注意：前任带出来的团队风格，并不一定就是新任需要的团队风格。

DISC 情境领导

对能力不强 意愿也不高的员工 D 型和 I 型特质相结合	对能力强 但意愿不高的员工 用 I 型特质加强沟通
对能力不强 但意愿高的员工 用 C 型特质加强管理	对能力强 意愿也高的员工 用大 S 型特质加强领导

模块七

把人放对位置之二：选拔人才

用得好成人物，用不好成人灾

人才的两种结果

人物 VS 人灾

人才用得好，才有机会成为人物；用得不好，就会成为企业的人灾

当你新招进来一名员工，你的团队里增加了一个人手，即使他的想法再多，知识水平再高，但在能力还没有表现出来的时候，就只能是一个人手，而不能称得上人才。随着他加入团队开展工作，在他展现了一定才华之后，你才能叫他人才。可是，人才用得好，才有机会成为人物；用得不好，就会成为企

业的人灾。用得好，他虽然在公司里不一定当领导，但很可能成为一个有影响力的人，是非正式任命的有影响力的技术大拿、营销专家等。

领导者需要特别注意的是，不要把人才变成企业的人灾。人才是否会变成人灾，关键点有两个：一是这个人才是否有自知之明；二是领导者是否有和他协调的能力。

如何找到合适的人才

为了使人才成为人物而不成为人灾，我们要从源头上做起，选对合适的人才。

首先还是要回到什么是人才。人们通常从能力、意愿和性格三个维度来衡量人才。能力是指一个人完成一项目标或者任务所体现出来的综合素质，它包含了知识、技能和经验等；意愿是指一个人对事物所产生的看法或想法，并因此而产生的个人主观性思维，它包含了动机和兴趣等；性格是指一个人对现实的稳定的态度，以及与这种态度相应的习惯化了的行为方式中表现

衡量人才的三大维度

能力

知识、技能、经验

意愿

动机、兴趣

性格

遗传、环境

在招聘阶段就发现合适人才的ASK模型

A
态度 attitude

你为什么要来做这个工作？

S
技能 skill

你曾经做过哪些类似性质的工作？

K
知识 knowledge

你对这个工作了解多少

出来的人格特征，它受遗传因素和环境因素的双重影响。性格是否可以改变？不是完全不可以，但是很难，由于人的行为具有倾向性，要克服倾向性需要付出很大的努力。我们建议人力资源部门要保留各个员工尤其是中高管在各个阶段所做的 DISC 报告。比如，对比一位张先生半年来的两份报告，我们发现了明显的变化，D 型特质在上升，I 型特质和 S 型特质都在下降。而在他半年前的对比报告上我们看到，S 型特质在急剧地下降，说明在上次测试的时候，他就很想改变了，所以变成现在这个样子是很自然的。

衡量谁是适合的人才，有各种标准，有的是从能力层面，有的是从意愿层面，有的是从性格层面。我们的工作实践证明，ASK 模型是一个行之有效的工具，尤其适用于员工招聘的环节，从而从源头上找到合适的人才。ASK 模型包含了三个方面的内容，即 A（attitude，态度）、S（skill，技能）和 K（knowledge，知识），人才评估围绕这三个方面展开。

我之前带保险代理人的团队，面试新人的时候都会问三个问题：你对保险了解多少？你曾经做过什么服务或销售性的工作？你为什么要来做保险？

这三个问题，第一个问的是知识；第二个问的是可迁移的技能，就是应聘者之前做过工作中所运用的技能，有多少是可以在新工作中马上运用的；第三个问的是态度。在问完这些之后，就涉及本书下一模块要提到的，叫培训。如果是知识不足，就要补知识；如果是技能不足，就要补技能；如果是态度不足，就要寻找改变其态度的契机，或者实施阶段性的淘汰计划，就是到了某个阶段还不能达到要求，那么，抱歉，就要被淘汰。

一位名牌大学的博士生，来应聘做保险营销员，是否让他和公司其他员工一样，参加入职教育培训，参加保险代理人考前培训？我的做法是，让他去做培训讲师。因为他要考保险代理人，他会根据相关知识点整理出最容易通过的方案，所以我连做保险代理人培训的讲师都不用请了，这样不但有效利用了他的知识，还增加了他刚进保险行业的收入。从其他保险团队过来的销售人员，他们的销售能力肯定是有的，与客户打交道的能力也是有的，我就不用再去给他们上三天的巅峰销售、六天的陌生拜访这类课程，我会直接告诉他们一些亟须知道的知识，比如我们现在的产品与他们之前销售的产品的差别到底在哪里，他们现在的优势与之前的优势差别到底在哪里等，把这些告诉他们就可以了。

企业用人的标准：EQ 大测试

一家公司正在面试应聘者，其中有道测试题是这样的：

EQ 大测试：你会救谁？

情境

在一个暴风雨的晚上，你开着一辆车经过一个车站，有三个人正在等公交车：一个是生了重病的老人，一个是救过你命的医生，还有一个是你的梦中情人。

狂风暴雨的晚上，荒郊野外的车站，无论三个人中的哪一个，都随时有生命和财产的危险。但现在给你的条件是：你开的是一辆跑车，跑车只有两个位置，一个是驾驶位，另一个是副驾驶位，即你只能带走一个人。请问你会做何选择？救老人，救医生，救梦中情人，或其他？只能做一次选择。

我们现在来逐一分析各个选项。

选择老人的人：同情心很强

为什么要选生了重病的老人？很简单，这些人一定同情心很强。没有选老人的人，应该能够理解选老人的人；与此同时，选老人的人也要理解那些没有选老人的人。因为这是一个多元化的时代，你的选择可以与别人不同，但你要有能力去理解别人。

当我在北京某机构的课堂上做这项测试时，有人说：“老师，不选老人，那还叫人吗？”说完之后，一片哄然，周围不少人都侧目而视，因为他们是没选老人的那些人。

我去青海讲课，组织方带我去一个有名的寺庙参观。走进后面的小院子，我看到有一条很长的路，路上有很多朝圣的信徒。等走近了

答案解析

选老人的人

同情心很强

选医生的人

价值认同感很强

选梦中情人的人

还年轻，有激情

我才发现，他们前进的方式很不一般，整个人趴在地上，用身体丈量土地，起来的时候脚再踩在刚刚头的位置上，这样一路过来。我以前只是在书本中听说过，真正看到的时候还是很受震撼的。我留意观察了一下，他们的额头上并没有传说中那样磕出血，不过满是瘀青。可能旅途太远，也可能停留的时间不短，一个人边磕头边说自己的盘缠用完了，希望好心人能够资助他回家。在这样的情况下，你很难不被感动，就会掏出一张红钞票给他。没想到人们一下子围了过来，有人说你是不是假的！你看低我的爱心也就算了，竟然侮辱我的专业度，我这人像是会收假钱的人吗？其实人家大概是说那个收钱人是假的吧。关键是，我是看着那个人一路磕着过来的，如果是假的，那他付出的成本是很高的。但还是有更多的人围过来，幸好我出门旅游是带着现金的，于是 50 元、20 元地给钱。他们挺好的，不会缠着再要，无论得到还是没得到，都会作个揖，然后很优雅地离开。

我讲这个故事是想说明，你虽然有同情心，可是你能不能给所有人？显然不能。每个人的能力是有限的，既然我们不是救世主，就要学会包容其他人的选择。

选择医生的人：价值认同感很强

为什么要选医生？其价值判断主要有两个：第一，我不能救所有人，但至少能救曾经有恩于我的人；第二，从字面的意思看起来，医生的社会价值最高。当然我们不能钻牛角尖，说老人是诺贝尔文学奖获得者怎么办，梦中情人就是医院院长怎么办，这样就有点无厘头了。选医生的，他们在价值感的认同上比较强。

选择梦中情人的人：还年轻，有激情

为什么选梦中情人？因为他们还年轻，有激情。其实这种人生态度是令人赞赏的，谢霆锋唱过一首歌叫作《因为爱所以爱》，爱还需要理由吗？

在我的一节课堂上，有人解释说选了梦中情人之后，留下老人和医生在一起会比较安全。这怎么看都像是在做了一个情非得已的决定之后，找了一个安慰自己的理由。

标准答案不等于合适答案

做过这个测试的人其实都知道，标准答案是：把车钥匙给医生，让医生带走老人，自己留下来陪梦中情人。我认为这是一个非常聪明的答案，但不代表就是唯一合适的答案。

> “无论你选什么，都会有人录用你。”

> “你可以说假话，但最后的结果可能是，你无法得到合适的位置来发挥你的真正优势。”

请允许我问一个问题，大家只凭感觉来回答：有这样四个人，第一个选老人，第二个选医生，第三个选梦中情人，第四个把车钥匙给医生，而你只能录用一个人，你会录用谁？如果让大家举手表决，你将会看到，无论你选什么，都会有人录用你。这就是为什么有些人会问：“老师，我文化水平不高，是不是不能讲真话啊，那我们大家都说假话怎么办？”我说：“你可以说假话，但最后的结果可能是，你无法得到合适的位置来发挥你的真正优势。”

我们来看携程四君子（详细故事见模块十二）。季琦在干什么？在携程和如家之后，他又创办汉庭，后来改名叫华住。他最热爱和最专长的东西是什么？创业，当然他在三次重大创业过程中也对管理有了感觉，所以他也说了“华住才是我一辈子的事业”。梁建章在做什么？他曾经离开携程去美国读书，因为他觉得求学和思考更快乐，但他最爱的还是管理，于是在 2013 年重回携程并掌舵。沈南鹏在干什么？风险投资，他觉得钱要快进快出，这样才比较有刺激感。范敏在干什么？他虽然在梁建章回归后退任携程首席执行官，但他并没有离开携程，没有离开旅游行业。找准位置之后才能发挥优势，所以，对每个人来讲，一定要作选择，而不是去迁就别人或糊弄自己，一定要发挥自己的专长，因为你看到，无论你选什么，都有人会用你。

问大家第二个问题：假设我们现在是领导者或人力资源专家，现在要选人，你真的觉得把车钥匙给医生这个答案是最好的吗？最聪明的答案，不一定是最好的答案。现在让你选，你会选谁？挑人不能仅凭自己感觉一时爽，而是在作决定前一定要想好，自己团队需要什么样的人，在决定选某人时要知道他过来以后能够做什么，而不是说，我喜欢聪明人，我就觉得聪明人我用得上，我一定有能力用好他。

“把选老人的人放哪里？最好放在党委、工会及团建等部门的岗位上。放在人力资源的绩效考核与裁员岗位好不好？不好，他虽然会按照岗位要求的去做，但做完之后内心极其挣扎。”

不同公司的不同岗位需要的是不一样的人，把选老人的人放哪里？最好放在党委、工会及团建等部门的岗位上。放在人力资源的绩效考核与裁员岗位好不好？不好，他虽然会按照岗位要求的去做，但做完之后内心极其挣扎。比如辞退某一个员工，他会想：这人上有老下有小，他的爱人身体也不好，没了工作，这个家庭可怎么办？

“选医生的人会从员工有没有给企业创造收益去看问题。”

可如果让选医生的人去做这件事情，就不存在这个问题了。选医生的人会从员工有没有给企业创造收益去看问题。他是这样想的：你在企业里面没有创造什么收益，对自己的能力发挥也不够充分，所以你离开企业，不论是对公司还是对你自己都好。

“把选梦中情人的人放哪里？市场策划、新市场的开拓和新业务的开展等，而且他们愿意独立负责。”

把选梦中情人的人放哪里？市场策划、新市场的开拓和新业务的开展等，而且他们愿意独立负责。你找其他人，其他人说不定跟你谈条件：老大，我之前的待遇是什么样子的，现在你让我跑市场，做新业务，你能给我什么保障？而选梦中情的人不会谈这些，你只要对他讲：“前面有片天，天空上有面旗帜，旗帜上有你的名字，今天你以公司为荣，明天公司以你为荣。”他换了衣服就冲出去了。然后你在后面追着喊：“这真的是一次千载难逢的机会！”那人连头都不回，说不用多说，人生难得几回搏，我要让自己的生活变得更多彩。

把选择把车钥匙给医生的人放在哪里？比如综合办，这个岗位需要权衡各种关系，平衡各种资源，非常需要搞得定这种事情的足够聪明的人才。但对脑筋转得快的聪明人也要小心使用，比如放在财务考核、审计、出纳等岗位上，就会有较高的风险。不是说有才华的人人品不好，而是说，有才华的人在那样的岗位上受到的诱惑更大。你和他说：“小张，你帮我报销一下这次去上海的费用。”他说：“老板，你不用告诉我报销哪些费用，你告诉我需要报销多少钱就好。费用方面我比你熟，我帮你列，帮你凑，你只要把发票拿过来，没有发票也没关系，我帮你找。”有没有这样的人？我自己就遇到过。你要知道，他会帮你找，帮你凑，他“一不小心”会不会帮自己凑一下？不确定，那这样的话，我怎么降低风险？我找一个看起来不敢这样冒风险的人，给他放 5 段因为贪污锒铛入狱的人的视频，然后告诉他公司有 12 套检查机制，隔两周给他来一下，那么他犯错的概率就大大降低。

“
把选择把车钥匙给医生的人放在哪里？比如综合办，这个岗位需要权衡各种关系，平衡各种资源，非常需要搞得定这种事情的足够聪明的人才。但对脑筋转得快的聪明人也要小心使用，比如放在财务考核、审计、出纳等岗位上，就会有较高的风险。”

选拔人才的三大误区

关于选拔人才，我要强调的一点是，你要看岗位，而不是只看人。当然，在团队组建的初期，我们会说，选到了好的人，就自然会把他们放到好的岗位。到底是先人后岗，还是先岗后人，学术界有争议，我在这里只有一个观点：岗和人都重要，你都要照顾到。

选拔人才，通常存在着以下三大误区。

选拔人才的三大误区

1

依赖面试官感受
忽略岗位需求

2

套用通用标准
忽略个性化需求

3

关注外在标准
忽略内在特质

误区一：依赖面试官感受，忽略岗位需求

第一个误区，过于依赖面试官的感受，而忽略了岗位需求。就是说，不能只考虑面试官的感受，要关注岗位的具体需求。在招聘的时候，一定要按照岗位的具体需求去招，否则就会出现问题。举一个例子，有一家大企业，他们公司文化中有一条叫团结，所以在他们的通用面试程序里都会这样问：您在学校里面有没有加入社团？您在社团里扮演什么样的角色，起到什么作用？问这些问题的目的是看应聘者的团队合作精神怎么样，应聘者进了团队之后能够做主导性工作、辅助性工作还是激励性工作。这种设计有没有错？没有，因为企业文化中有团结，可如果应聘者是法律和财务双学士，招聘的岗位是财务审计，你觉

得这样的选拔标准是否合适？你要知道，财务审计岗位最适合那种不太喜欢跟人交往，而且刻意与人保持距离的人，否则这人一天到晚与人建立关系，甚至习惯了妥协和相互利用，那怎么能把本职工作做好？所以在大的文化和小的岗位之间出现矛盾的时候，你要针对具体的人，根据岗位需求作出调整。

现在企业用什么方式来避免面试官的主观感受呢？采用较多的是多人多轮面试，职位越高，越会设置更多轮。可是问题在于，多人多轮面试的成本很高，其中最大的成本是面试者的时间成本。这时，如果能有一个具体的岗位需求，后面的环节就可以变得精简，能够缩短面试时间或次数，有效节省成本。所以我们现在非常强调，选人才的时候，一定要先明确岗位需求。

误区二：套用通用标准，忽略个性化需求

第二个误区，即使岗位需求很明确，但有的人习惯于套用通用标准，而忽略了企业的个性化需求。通用标准是什么？一套标准的招聘规范，规定了销售人员招聘应该怎么样，管理者招聘应该怎么样，财务人员招聘应该怎么样等。可是这忽略了一个关键：A 公司需要的销售人员和 B 公司需要的销售人员一样吗？很可能是不一样的。甚至，同一个公司的同一个岗位，3 年前和 3 年后需要的人也是不一样的。所以，如何满足个性化需求很重要。有的企业挖一个人力资源总监过来，只是把这个人力资源总监在之前公司的那套方案搬了过来，以致忽略了企业的个性化需求。当然，现在很多企业都会去找咨询顾问，但咨询顾问最大的强项不是了解你的企业，而是提供专业的工具和结构化的思考，只有当企业的人主动提出个性化需求的时候，咨询顾问才能更好地发挥作用。所以必须明确的一个概念是，

只有在你更加细致地了解企业之后，在你自己能够有效地整理和表达企业的个性化需求时，咨询公司才能更好地协助你。

领导者不能说这样的话："没关系，你以前在微软怎么做的，现在就帮我怎么做。""你之前在新加坡航空怎么做的，现在放在我这里就怎么做。"套用的方案真的不一定适合你企业的个性化需求。

误区三：关注外在标准，忽略内在特质

第三个误区，过于关注外在标准，而忽略了内在特质。外在标准是什么？学历多高，户口在哪里，从业经验是否丰富等。这些东西都是能够找到的，因为能够找到，所以花了很多心力，但是不一定能说明问题。

我们举两个例子，第一个是基层的，第二个是高层的。基层的例子，有个大学生，他本科就读于重点大学新闻系，学习成绩优秀，但他内心向往的是朝九晚五的生活。请问，他适不适合做战地记者？不适合，因为战地记者与朝九晚五的生活没有交集，但他外在的标准是符合的，因为他专业能力很好。他迫于就业压力，很有可能隐瞒内心的真实想法，但是进了企业，企业好不容易把他培养出来，他等到羽翼丰满，下一步的选择就是跳槽。对于他来说是跳槽，对于企业来说，培养他的成本是很高的，而且他走了之后的替代成本也非常高。所以从招聘的时候就要关注一些内在特质，而且越到高层，外在标准反而变得越不重要。高层的例子，畅销书《从优秀到卓越》和《基业长青》的作者柯林斯认为，"从优秀到卓越"的领导人在上任之初都在忙着"请合适的人上车，送不合适的人下车，给合适的人安排合适的座位，然后再决定行驶的方向"。柯林斯明

确指出：“人不是你最重要的资产，合适的人才是。”

如何避免这三个误区

以上三个误区其实面对的是三个问题：第一，岗位需求是什么；第二，企业的个性化需求是什么；第三，如何判断一个人的内在特质。

有没有办法可以一揽子解决这三个问题呢？

一个切实可行的解决方案是：针对具体岗位就性格部分进行个性化测试，典型的办法是利用 DISC 软件。如果这样做了，衡量的就会是岗位需求，而不是面试官的感受；满足的就会是个性化需求，而不是通用标准；看重的就会是一个人的内在特质，而不是外在标准。请注意，我们不是说外在标准不重要，因为之前我们缺乏对内在特质的衡量，所以当前首要的是把短板补上。当你的企业有能力针对具体岗位就人的内在特质作个性化设计的时候，你会发现自己能很好地同时解决上面提到的三个问题。

利用 DISC 软件，可以为每个岗位直接生成一个工作分析表，它会清晰地描绘每个岗位的工作需求。比如计算机程序员的岗位，需要的是结构化和规范，需要的是准确和质量，需要的是接受和合作，需要为他人提供服务等，这些都是预先设计好的，同时还可以通过专门的个性化设计进行修改。

解决三个问题：

第一，岗位需求是什么

第二，企业的个性化需求是什么

第三，如何判断一个人的内在特质

再举一个例子，对于某公司的销售代表岗位，我给它做的个性化设计说明是“这个岗位十分需要语言沟通，如果要胜任这个岗位，社交上必须非常自信，社交能力非常好，沟通能力是主要因素……”通过个性化设计可以满足企业的个性化需求，而在个性化设计的基础上，还可以根据应聘者的 DISC 测试值直接进行配对，然后分析每一个应聘者在这个岗位上的优劣势分别是什么，进而做到将多个应聘者做对比，旁边会出现一个百分比。但我建议，在实际运用中不用看这个百分比，只需看应聘者的优劣势。比如现在要招一个销售代表，有 A 和 B 两个应聘者，A 的可接受程度是 71%，B 的可接受程度是 62%，请问应该用 A 还是用 B？要综合来看，除非其他的条件都一样，可接受程度 71% 并不比 62% 能多说明太多问题，我会优先看用 A 和 B 的优劣势分别是什么。

“在个性化设计的基础上，还可以根据应聘者的 DISC 测试值直接进行配对，然后分析每一个应聘者在这个岗位上的优劣势分别是什么，进而做到将多个应聘者做对比”

任何一个人，在任何一个具体的岗位里面都可以做这个测试。这个功能是完全免费的，企业要设计多少岗位都可以，同时还可以根据设定好的岗位去选拔人才。台积电把它面试过的所有人都纳入数据库，当有一个新的岗位出来的时候，只需要在软件上轻松一点“匹配”，就可以从庞大的数据库中筛选出候选人。它的人才库里不仅有台积电的在职员工，还包括所有曾经面试过的人。

案例分享：
我们是这样选拔百万年薪经理人的

我 2009 年在南宁录制过一个节目，帮助企业选拔一位年薪 50 万～100 万元的经理人。我是在录制节目的前一天才临时知道这件事情的，下午四点接到通知，第二天早上就要进录影棚。之前我对企业和应聘者都不了解，所以我必须通过一种便捷有效的途径来快速地达到目的。于是我要求 14 名从全国各地飞过来的应聘者都填答一份个人问卷，还要求 11 位参加现场招聘的企业老板都填写一份他们所需要副总的岗位说明。

节目录制正式开始，现场的每个人都很谨慎。我作为专家，要更加小心，因为每一个建议都可能影响着 100 万元花落谁家。

这样选拔百万年薪经理人

1
自我介绍

了解应聘者的性格特质

2
岗位介绍

了解岗位需求

3
现场速配

选择合适的人
分析优劣势

自我介绍：了解应聘者的性格特质

第一个环节是自我介绍。应聘者都是从全国各地飞过来的管理精英，年薪普遍在 50 万元以上，每个人都气场很强，对自己信心满满。他们站在那里先开讲，应聘者讲过以后，作为专家评委要不要发表意见？一定要，否则请你做什么。那么作为专家评委，能不能直接点评每一个应聘者的优点是什么，缺点是什么？不能，否则会很惨。因为当时的情况很特殊：第一，他们根本不知道我对他们作出的优劣势分析是利用了 DISC 软件的。第二，就算他们知道我在用 DISC 软件，他们也不会在很短的时间就能清楚这个 DISC 软件的专业性。如果我告诉应聘者 DISC 软件上显示他的优点是什么，他大不了站在那里一笑，反正过去大家都这么说，对他来说没什么感觉；如果我说 DISC 软件上显示他的缺点是什么，那可是关系 100 万元年薪的事，他有可能矢口否认，跳出来怀疑 DISC 软件的科学性。

大家请注意：专家评委首先是一个顾问，顾问最后落在哪里？要落在"问"字上。我根本就不给评价，但是我可以提问。那问什么问题？我问的是探索性问题。这些探索性问题包括两个方面：一个探索其性格的优势，一个探索其可能的训练需求。我从所有的问题里面专门挑通俗易懂的问题，而这些问题都是根据应聘者的性格设置的，性格有优点，也有缺点，所以问的问题一是针对应聘者的优点，二是针对应聘者的缺点。我不需要给出评价，但在我问的过程中，我让他们将自己最鲜明的特质真实地呈现在 11 位老板面前。这些老板都感到很好奇，说："李老师您真厉害，为什么您总能问到一个让他们侃侃而谈的问题，又能问到一个他们要回答很久，兜来兜去的问题？"于是问题一下子就解决了。

岗位介绍：了解岗位需求

第二个环节，老板开始介绍企业，讲自己是如何发家的，企业的优势在哪里等。老板介绍企业容易出现什么问题？老板在台上大讲自己的企业如何好，但他真正知道企业吸引到应聘者要靠什么吗？应聘者只是看到了企业的过去、现在，也可能包括未来，但并不知道自己到企业里到底能否发挥作用。我是一名人才，我到你企业里面能否发挥作用取决于两个重要因素：第一，你要招聘的岗位的素质能力要求如何，我能否胜任；第二，我过来要和什么样的一批人打交道，我和这些人能否合得来。当老板介绍企业的时候，作为专家评委是否要发表意见？当然要，我要做的事情就是补老板的缺，他只讲了他的企业需要什么人，但他没讲他要招聘的那个人应该是什么样的，我就帮他补充。我告诉大家，根据某某总的介绍，这位正在招聘中的副总应该具有什么样的特征。我讲完之后，有没有迅速让那些应聘者知道这家企业需要怎样的人？当然有，这样才能给他们在接下来的配对环节提供有效的参考。

3个小时内要做这样的速配是很难的，无疑存在作秀的成分，但也不是没有依据。我话一说完，有老板当场就惊呆了，他说："李老师，你怎么比我自己还了解我的企业？"并不奇怪，因为岗位说明是老板自己填的。

现场速配：选择合适的人，分析优劣势

随后的环节是现场速配。速配之后是否要发表意见？当然要。需要告诉应聘者，他在这个岗位的优劣势分别是什么。还有一个我现场没讲，成功应聘的那位副总裁后来私下里问我了，我就告诉他应该怎么和他的新老板相处。这是团队建设方面的

问题，需要分析新入职者和老板的关系以及他在这个团队里的匹配程度。

现场节目录制的效果非常好，之后我又作为特约嘉宾参加了当年的泛珠“9+1”市长论坛，在其中的青年创业峰会上，与李开复等人同台演讲。

我那时候还年轻，名气也不大，后来我想，之所以能够受邀参加这个论坛，我在录制节目时的表现明显给我加了分。这个节目是临时通知的，我和招聘者、应聘者都不认识，不存在作弊的可能，而节目效果大家都眼见为实。他们都不知道我用了 DISC 软件，觉得太神奇了。这反过来也让我意识到，能够把 DISC 软件用好是很重要的。DISC 软件的功能很强大，能够在很短的时间内让企业知道某个人才的优劣势分别是什么，也能迅速地让人才知道这个企业招聘的岗位的需求是什么，既包括工作岗位的匹配，也包括与人相处的要求。

参与岗位设计的四种人

上面案例中提到，在节目录制前我要求现场招聘的老板填写了一份岗位说明，这个岗位说明落实在人力资源管理上，有个术语叫岗位设计。岗位说明是岗位设计的必备文件，但岗位说明还远远不是岗位设计。所谓岗位设计，是指根据组织需要，并兼顾个人的需要，规定每个岗位的任务、责任、权力以及组织中与其他岗位关系的过程。其他专业问题我们不讲，我们来看需要哪些人参与岗位设计。还拿上面的案例来说，招聘的岗位是公司副总，招聘的是年薪 50 万～100 万元的职业经理人，是一个直接向总经理汇报工作的人，那做岗位设计一定不能少的人就是总经理本人。是否所有的岗位都要总经理参与？当然不是，比较低阶的岗位并不需要，但要求向总经理直接汇报工作的岗位，那是一定要总经理亲自参与的。这里有一个概念，叫上级主管，就是该岗位的直接主管一定要参与到岗位设计中。公司的 HR（Human Resource，人力资源）也要参与。HR 的作用是什么？提供公司的大环境、企业的文化以及专业知识的支持。如果岗位非常重要，还要让与其岗位工作直接对接的同事也参与进来，这叫内部客户；如果是一线业务员，那他直接对接的就是顾客，这叫外部客户，也需要参加进来。如果说还需要什么人参与，那就是绩优者，即曾经在这个岗位上做过

参与岗位设计的四种人

上级主管

该岗位的直接主管一定要参与

HR

提供公司的大环境、企业的文化以及专业知识的支持

内外部客户

内部客户：与其岗位工作直接对接的同事

外部客户：如果这个岗位是一线业务员，与其直接对接的就是顾客

绩优者

曾经在这个岗位上做过并且做得很好的人

并且做得很好的人。上级主管、HR、内外部客户和绩优者，这就是一个比较完善的体系结构，岗位设计如果是由这些人讨论形成的，其有效性将大大提升。

在企业的实际运用中，可能会碰到下面两种情况。

第一种情况，在遇到特殊或紧急情况，谁的意见所占的权重最大？答案是，优先考虑最直接关系人的意见，最直接关系人的意见所占的权重最大。如果某一职位，许多人都可以做，但只能由一个人来做，直接主管的意见最需要被考虑；如果是由人力资源的人来设计通用标准，此时没有最直接关系人，那么就要考虑经验因素，绩优者的意见最需要被考虑；如果总经理要招秘书，那就要围绕总经理的需求。拿总经理招秘书举例，说起来很简单，就是让总经理填一张表，但问题是，填完表之后，怎么确定不会出问题？把形成的岗位设计报告提交总经理看，经过总经理认可，才能以此为蓝本进行匹配。然后等新的秘书招进来后，你需要告诉她，她做这份工作的优势和劣势分别是什么。如果我是她的主管，我还会告诉她，在新的工作中需要培养哪些新的习惯，需要戒掉哪些不适宜的习惯。

第二种情况，就是需要“民主集中”。比如我是总经理，我要招聘一个新事业部的部门主管，那么我会把应该参与这个岗位设计的人都召集在一起，让这些人充分表达各自的看法，讲完之后我再回到办公室拍板。因为，这些人在讲的时候，都是从各自的立场出发，通过讨论，他们每个人对这个岗位的了解都会变得更加立体。于是就衍生出来了一个巧妙的子运用：拿出两张纸，一张让某岗位上的员工填写他认为的在这个岗位上的需求（非理想状态），另一张让他的直接上级填写他认为做好这个岗位需要的特质，完成后上级和下级交换看，于是通过这种方式，上级和下属之间增加了沟通和了解。

影响绩效的三大因素

一个人在岗位上能够达到的绩效水平是受一系列因素影响的，人们往往注意到了两个因素：一是薪资待遇，也就是员工能够在岗位上得到多少物质激励；二是培训，就是说，即使这个员工的意愿很强，但很抱歉，他的技能不足，并不足以支撑他去完成相关工作。其实还有一个因素也很重要，就是一定要挑到对的人，而且这个工作具有基础性。

我在帮肯德基做新员工咨询的时候，教给他们一个方法：给面试者每人发一张纸，问他们对肯德基来说什么是最重要的。有些人写微笑，有些人写小朋友，有些人写环境卫生。那么哪个答案是对的？其实三个答案都对。我们在招聘的时候不能仅凭个人的好恶，而要关注的是岗位需求。我们也不应拿业内通用的岗位标准，而要用符合企业个性化需求的岗位标准。因为你公司销售人员和我公司销售人员的需求可能是不一样的；我公司同一个岗位 3 年前和 3 年后需要的人也可能是不一样的；我公司换了领导、换了战略思维，对具体岗位的需要也可能不一样……针对这些情况，我们注意到了一个词叫“可能”，可是我们要面临的问题不是回答“可能”就可以解决的，我们要知道这个“可能”在什么情况下是“一定”的。

肯德基让认为微笑重要的员工担任微笑大使的角色，让认为小朋友重要的员工担任宣传大使的角色，让认为环境卫生重要的员工担任卫生形象大使的角色，结果每个人都做得很好。需要注意的是，这些都是本职工作之外的角色，没有额外工资。肯德基的成功之处在于，它让员工在做自己，在做自己觉得重要而且擅长的工作，所以完成工作之后是很有参与度，很有成就感的。

> “公司选拔人才要做的事情可以总结为三句话：
>
> 第一，招到合适的人；
>
> 第二，通过培训让他胜任工作；
>
> 第三，通过给他合适的位置让他乐在其中。”

公司选拔人才要做的事情可以总结为三句话：第一，招到合适的人；第二，通过培训让他胜任工作；第三，通过给他合适的位置让他乐在其中。其中招到合适的人是前提，因为有人说过，你给一群傻瓜激励，就会得到一群被激励的傻瓜，最后还是傻瓜。

绩效的决定因素

10%
薪资待遇

30%
培训

60%
选对人

发现了绩效的第三个影响因素之后，我们暂且忽略其他因素不论，把绩效的影响因素简化为三大因素：薪资待遇、培训和选对人。

那么这三大影响因素应该如何分配，才能达到最优的绩效？答案是，因行业而异，因具体岗位而异，只有总体水平或者具体岗位才会有一个较为明确的比例。比如说传统行业和新兴行业可能是不一样的，高层岗位和底层岗位肯定是不一样的。从总体水平来看，在绩效的三大影响因素中，薪资待遇、培训和选对人所占的比例，专业机构给出的参考答案是10%：30%：60%。

薪资待遇：10%

对于薪资待遇这个因素，我与很多企业的 HR 互动过，认为其对绩效的影响一般都会超过 10%。在看到上面的参考答案后，我问了提供这个参考答案的专业机构，对方论证了很多东西，提供了很多数据，告诉我真的是这么多。于是我想，这种巨大的反差代表什么？能够给我们什么提示？其实到底是 10% 还是 15% 并不重要，在社会科学中，往往不可能有十分精确的数字，而且没有必要，但是它给我了一个明确的提示，就是我们往往高估了薪资待遇对绩效的影响。薪资待遇无疑具有重要的激励作用，你这个月给员工涨工资，涨了很多，员工的积极性会大概率地提升，接下来的一两个月也会很努力，但是激励效果能否持续很久？很难。薪资待遇对中层和基层员工的影响程度较高，对高层员工的影响程度就相对较弱。10% 这个占比在提醒我自己，除了薪资待遇，确定没有其他手段用以提升员工的绩效了吗？在提升绩效方面，薪资待遇不可过于倚重，每个企业无论多么有钱，都会碰到一个天花板，因为它是有限资源，

> “我们往往高估了薪资待遇对绩效的影响。”

而培训和有没有选对人，更多的是在开发员工的内在特质，它们的潜力是无限的。

培训：30%

参考答案说培训在绩效影响因素中的占比为占 30%，但是有些人不需要怎么培训（或者说感觉培训没起什么作用），他们也还是可以胜任工作的，这怎么解释？除了些人在某些领域确实天分高、上手快这个解释之外，我提供另一个角度的解释。

大家都知道，S 型人逢事不逼不催是没有积极性的，几年前，我在太太的“勒令”下学会了游泳。我选的是个一对一的教练，上课那天一聊，我才知道她没有教成人游泳的经验。她之前教的都是小朋友，小朋友适应性好，学习能力强，一般下水的第一天就可以浮到水面；但我不行，可能是我旱鸭子做得太久，第一天我只能在水里拼命扑腾，一不小心还呛了水。但是我有个优点，就是爱学习，不放弃，回到家里我就到网上搜索视频，第二天在她的陪同训练下总算让自己浮起来。接下来开始培训脚的动作，我又没有学会。因为教练是一个女生，年龄又很小，我不好意思换教练。后来通过不懈的努力，最终莫名其妙地学会了。这位教练有没有作用？肯定有作用，她逼我每次跟她在一起至少练习一个半小时，这一个半小时我在很努力地练习；她还说要习惯水里的呼吸，让我浸到水里跳起来 300 下。有经验的人肯定心里亮堂：她这是帮我熟悉水性，而熟悉水性是游泳的关键。现在想起来，虽然我自己做了很多的努力，但是教练的确有她的作用。

选对人：60%

培训很重要，但是人的特质适合的话，他将更有可能胜任工作，他将更没有可能主动跳槽，所以选对人是决定绩效的最重要的因素。不再赘述。

模块八

把人放对位置之三：培训人才

成人学习的心理与教育特征

员工的有效培训有一个关键，即抓住成人学习的心理及其相对应的教育特征。对于企业员工的培训学习而言，最重要的心理与教育特征有四个：一是实用性，二是主导性，三是理论性，四是思考性。

实用性和主导性

实用性就是学习的内容学员拿来就能用。主导性就是由学员自主完成，而不是由讲师来做。如果都由讲师来做，则意味着培训没有真正达到效果，虽然讲师的课堂呈现很好，但并不代表学员也具备了期待的能力。那么实用性和主导性，强调的是 DISC 的哪种特质？答案是 D 型特质。学员很在意是否学到了自己想要的东西，而从互补性的角度来说，讲师在与学员的互动过程中要特别注意 S 型特质的呈现，就是说讲师设计的课程是否从学员的角度来考虑，相关性强不强。讲一个国外的案例，还是讲一个国内的案例？讲一个同业的案例，还是讲一个跨业的案例？讲一个企业的案例，还是讲一个个人的案例？对于这些问题，讲师要好好运用 S 型特质，找到和学员的相关性，因为相关性是一个铺垫，一场相关性高的培训，能够让学员感同身受，讲师的经验可以很顺利地转移转到学员身上。

理论性和思考性

理论性就是要提供一些框架。思考性就是要思考所讲的内容针对讲师自身而言意味着什么。

另外，在开展成人学习的时候，还要有娱乐性。讲师讲话要抑扬顿挫，要有视频，要有互动。

成人学习的四个心理与教育特征

实用性

学习的内容学员拿来就能用

主导性

由学员自主完成，而不是由讲师来做

理论性

提供一些框架

思考性

思考所讲的内容对讲师自身而言意味着什么

讲师授课风格

讲师的授课风格各有不同，不同的授课风格是没有好坏之分的，关键要看受众是什么人。

指导型风格

这个风格类型的讲师擅长授课。许多著名的讲师都是指导型风格，他们的气场很强大，语气坚定有力，认为自己讲的都是对的。他们往往会说出这样的话："跟你讲，我只是告诉一件事情，听不懂就是你蠢。"很显然，D 型特质和指导型风格最匹配，D 型人最擅长用指导型风格。对指导型风格的讲师来说，最应关注的是学员的反应，学员到底能不能跟得上，这个很重要，否则所讲的内容与学员就没有相关性。

演讲型风格

这个风格类型的讲师在台上有点像演讲，场面很热烈，有没有学到真东西不知道。和演讲型风格最匹配的是 I 型特质，I 型人高调张扬，亲和力强，显得有些人来疯。演讲型风格的讲师要注意什么问题？第一，不要把讲台变成舞台，否则就容易变成个人秀。第二，不要陷入情绪化。这个风格类型的讲师容易犯的错误是情绪化，如果看到学员的反应好就越讲越好；如果看到学员没有反应，就往往显得无精打采。

教育型风格

这种风格类型的讲师可以给学员提供一些理论，一些框架，一些很系统的知识结构。教育型风格的讲师什么特质比较高呢？C 型特质。他们的语音语调比较稳定，没有太多抑扬顿挫，面部表情往往比较严肃。对教育型风格的讲师来说，要注意声音的抑扬顿挫，可以增加一些手势和动作让自己的表情丰富起来。

促进型风格

这种风格类型的讲师只是做一些促进，让大家在一起学习。促进型风格讲师的 S 型特质比较高，他们的挑战在哪里？害怕冲突，不敢给建议。我就是 S 型人，我享受与学员分享事情，但我不享受学员问我应该怎么办，而 D 型和 I 型特质的讲师非常享受的就是学员问他们应该怎么办。我不喜欢回答怎么办，主要有三个原因：第一，一件事情可能有许多种解决方案，每个人的解决方案可能都不相同，万一教乱别人怎么办；第二，我不希望别人都按照我说的去做，我认为每个人

讲师授课的四种风格

D

指导型风格

他们的气场很强大，认为自己讲的都是对的

I

演讲型风格

场面很热烈，有没有学到真东西不知道

C

教育型风格

提供一些理论，一些框架，一些很系统的知识结构

S

促进型风格

只是做一些促进，让大家在一起学习

都应该有自己的个性，能够自己做决定，并且为自己的行为负责，而且如果我告诉他们怎么办了他们不照办，我就会感到失落；第三，在告诉别人怎么办的时候，还可能引发冲突，我不喜欢冲突的感觉。促进型风格的讲师都希望最好没有冲突，对于一个问题，如果没有看到学员有热烈的反应就继续讲，一直讲到觉得大家都懂了为止。

协助四种风格的讲师时也有不同的注意事项。协助一个指导型的讲师，就让他在每讲完一个小节之后设计一个提问环节，这样就可以找到相关性；协助一个演讲型的讲师，就让他写出一个很详细的框架，直接给学员；协助一个教育型的讲师，就让他增加一些视频、案例和现场互动等，提高参与度；协助促进型的讲师，就要提醒他严格遵循计划的时间。

培训的三个阶段

培训总体上可以分为三个阶段：一是培训前的需求调研，二是培训中的组织和实施，三是培训后的效果评估。

培训前的需求调研

目前有四种常见的培训类型：

第一种是“排排坐”型。小张参加培训，小王参加培训，办公室里唯独小李没有去，所以给小李也安排一个培训。这种类型在之前的国有企业出现得很多。

第二种是能者优先型。某公司最近有个销售培训，员工跑过去找老板说："老板，我很想参加这个销售培训。"老板说："什么！参加销售培训？你拿到你们部门的销售冠军再来参加销售培训。"员工很郁闷，心想我拿到销售冠军我就不参加销售培训了。在这个时候，培训变成了奖励。有些培训为什么会变成奖励？一些领导者认为，如果把培训的钱投在一个 8 分的员工身上，所带来的绩效提升可能会大于投在一个 6 分的员工身上。出发点没错，但要分清楚哪些是员工必须掌握的技能，哪些是提升性的指导，能力优先型重在培训后者。

第三种是自由选择型。很多外资企业的员工可以自由选择想要参加的培训，当然这个自由是有限度的，是在公司开展的培训的大目录下。这个类型培训的出发点很好，它较为充分地发挥了员工的个性，综合素质的提高会给员工在工作岗位上能力的提升带来帮助。

第四种是按需列计划型。按照公司的业务发展需要和员工的职业发展需要，开展针对性的培训。这是企业培训的主体类型，我们重点探讨的就是这种类型的培训，在做这样的培训前必须要做好需求调研。

培训前的需求调研通常需要回答以下问题：什么样的人需要培训，

培训的三个阶段

1

培训前的需求调研

解决：什么样的人要培训，我们企业要派什么人参加培训，以及培训最重要的目的是什么

我们企业要派什么人参加培训，以及培训最重要的目的是什么。这些问题的解答只有一个目的，叫胜任工作，胜任现在及未来的工作。

做培训前的需求调研需要抓住一个关键，即找到员工能力与岗位要求之间的差距，也就是员工现在具有的能力与岗位胜任模型之间的差距。要想了解培训需求，第一要清晰岗位需求，第二要了解员工本身的情况。我看到一些企业，今年的培训计划就是把去年的培训计划稍微改了一下，同样的内容无非是换了个讲师来讲。比如某著名企业，在培训方面的年投入达到一亿多元，内容基本上是固定的，今年一个讲师讲了，下年换一个讲师再来讲，期待能够从不同的层面做叠加。同样的课你听上十次，纵然由不同的讲师来讲，起到的作用也不会倍乘。这样做的效率很低，参加培训的员工积极性也不高，许多人只是为了培训而培训，走过场。

培训前对个人需求的调查非常重要，每一个员工都有自己的特质，结合岗位的需求进行匹配，匹配完了之后就可知道这个员工的优劣势在哪里，哪些地方需要通过培训来提高。这样的培训就具有了很强的针对性，而且效率很高。

倾听能力差的人能否意识到自己需要接受倾听能力的培训？不能，他们通常认为自己的个性就是如此，不需要培训。但如果员工能力与岗位要求之间出现了明显的差距，要么换岗，要么通过培训等方式实现员工能力的提升，没有第三种途径。

培训中的组织和实施

现在进入培训的组织和实施阶段，核心词是因材施教。在这个过程中有很多关键因素：讲师的授课风格是一个，根据学员的准备情况来调试是一个，事后做持续的跟进也是一个。我们只谈培训的组织和实施的具体过程，通过下面的典型案例来说明。

我给联想公司的海外经理做过一次培训。培训的背景是把一群人组织在一起开个班，之后他们要去海外开拓市场，要求这些经理人具备在很短的时间内组建团队并且创造业绩的能力。如果你是这个班的组织者或者是讲师，你会怎么设计？

一开始无疑要组建团队，这个时候我们就要特别考虑一件事情：D、I、S、C 四种特质中哪种特质完成培训目标的挑战最大？ S 型特质。我们会在培训之前作测评，指定 S 型特质最高的人当小组长，然后在上课的过程中我会观察他所有的行为，并且在讲到相应章节的时候对他进行专门的提醒。S 型特质最高的人受到了训练，其他人有没有得到启示？当然有，我要让他们在课堂上将在课堂外可能犯的错误都犯一遍，因为课堂上犯错的成本最低。还有，在一个赞美的环节中，什么特质的人更擅长？ I 型特质，所以 I 型特质最高的人要做那一环节的总结，其他人也可以学习和受到启示。如果没有有效组织，发言就会比较简单，一般有两种：第一种是自愿，谁爱讲谁讲；第二种排排坐，我讲完你讲，你讲完了他讲。没有我们所做培训的强目的性和示范效应。

培训的三个阶段

2

培训中的组织和实施

关键因素：讲师的授课风格是一个，根据学员的准备情况来调试是一个，事后做持续的跟进也是一个

培训后的效果评估

培训的
三个阶段

3

培训后的
效果评估

一是反应层面
二是知识层面
三是行为层面
四是绩效层面

培训后的效果评估受到了越来越多的关注，通常有四个层面的效果评估。

第一个是反应层面。培训课之后，给每个人发一张调查问卷，让大家给授课讲师打分，满意就打高分，不满意就打低分。反应层面的评估是基础，因为如果大家的反应很差，都不想去做培训，那就谈不上学到什么东西了。但只停留在这个层面是不够的，如果仅限于反应好，那么请刘谦来表演魔术，请郭德纲来表演相声，请小沈阳来表演小品，效果可能是最好的。

因此要关注第二个层面，即知识层面，看学员学到多少东西。我们在知识层面的评估用的是什么方法？考试是一种，竞赛是一种。我再提供两种方式：一种是写书面总结，一种是回到企业做知识分享。书面总结就是，你学完了一定有收获，有行动计划，把它们写出来给我。回企业做知识分享就是，派你出去学了两天，你回来后至少要在公司讲两个小时，因为要讲出来，所以对所学内容的理解自然而然地就会加深、变强。

第三个是行为层面。虽然知识学到了，但是行为没有改变，这对企业来说几乎没什么用。最好是既学到了东西，行为也发生了改变。对于这个层面，无论是专职的讲师，还是“企业帮”或“顾问帮”，都没有找到简单有效的方法。当前采用较多的方法是对参与培训的员工及其主管做持续访谈，但是成本较高。就是说在给员工做完培训之后，先来了解一下员工现在的情况；在两三个月之后再去开一个巩固会，但在和员工交谈之前，要先和员工的主管谈，询问员工的行为到底有没有改变。

第四个层面是绩效层面，看行为的改变是否带来了绩效的提升。摩托罗拉公司在企业培训上有一个观点，认为在培训上每投入一分钱，就会带来五分钱的收益。但我觉得准确衡量并不容易，因为很难知道某个阶段绩效的增加是因为培训，还是因为市场环境变好，还是因为其他的因素。所以绩效层面的评估更多是相对的。

DISC 软件在行为层面和绩效层面的效果评估上可以有所作为。举个例子，之前小张给我看了两份 DISC 测评报告，分别是半年前和现在的，那这两份测评报告是不是在一定程度上可以反映他行为层面上的改变？这是行为层面的。那么这种行为的改变到底有没有产生绩效呢？如果我是小张的领导，我就会在 DISC 软件上设计一个岗位参谋，看小张与岗位的匹配度是增加了还是减少了。于是通过 DISC 软件，我将有机会：一看到他行为的提升，二反思我设定的标准是否合适。

模块九

团队有效互动技术之一：教练技术

一个有效的教练工具：乔哈里资讯窗

扩大你的公开区

教练的作用是协助他人达成最佳绩效，教练技术的核心是有效沟通。乔哈里资讯窗是一个常用的教练工具。它把人的内心世界比作一个窗子，并把窗子分成四格，也就是四个象限，用以描绘企业或组织中不同类型的资讯：第一象限是公开区，是我知道的、他人也知道的资讯；第二象限是盲区，是他人知道的关于我的资讯，但我自己并不知道；第三象限是隐藏区，是我自己知道的、他人不知道的资讯；第四象限是封闭区，是对我和他人来说都未知的全新领域，它对其他三个象限有潜在影响。

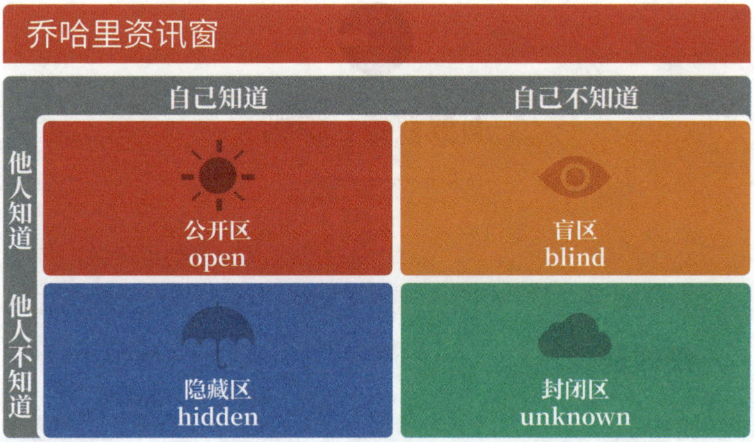

真正有效的沟通，只能在公开区内进行，因为在此区域内，双方交流的资讯是可以共享的。但在现实中，很多沟通者对彼此都缺乏了解，很无奈地进入了封闭区，沟通的效果就不尽如人意了。为了获得理想的沟通效果，就要通过提高个人信息的曝光率、主动征求反馈意见等手段，不断扩大公开区，提高信息的真实度、透明度。

通过互动，消减自己与他人的未知

作为教练，你会看到一些学员所不知道的，通过互动能够减少学员的盲区。同样，通过和学员的沟通，你可以进一步了解他，对他形成更多认知，减少了隐藏区。而且通过互动，消减自己与他人的未知，乔哈利资讯窗中的公开区是在朝右和朝下两个方向走的，最终导致封闭区也减小。

有效教练三原则

绩效表现
=
你的能力
+
正面的教练
-
别人的干扰

从团队互动的角度来说，你的绩效表现就是你的能力，加上正面的教练，然后减去别人对你的干扰。举一个例子，本来我唱歌的天分很高，老师也是位名师，以前的学习都很顺畅，可是今天不知为何老师的心情非常差，屡屡打断我，再加上室内温度太低，早上我又吃了一个炒辣椒，等等，都可能成为干扰我的因素，让我本来可以唱高音，结果却唱破音。

所以对于一名优秀的教练来说，在对学员实施正向影响的同时，还要尽可能地排除不必要的干扰。有效的教练技术，必须坚持以下三个原则：

要让学员负责，而不是替他负责

始终明确自己的角色定位很重要，你可以对学员进行有效引导，但不必替他承担任何超越角色的责任。因为当你去替学员负责的时候，就会发现一件事情：即使他把事情做出来了也没有成就感，他没有成就感就不会主动承担相应的责任。

要关注学员想要的，不要关注他不想要的

由于角色定位的原因，教练一定要关注学员想要的，而不要关注他不要的，因为这会大大干扰他的注意力。举一个例子，如果我告诉大家，千万不要在脑海里想红色的大象，那会导致什么结果？现在大家想的，一定是红色的大象，因为我提到了红色的大象。除非你后续再加工：我就要想黑色的猴子。如果不要红色的大象这句话是学员自己讲出来的，它造成的影响更大。你只需让学员想要的占据他们思维的主导，那么他们不想要的自然就消失不见了。

其实，人们的思维往往也倾向于关注想要的事物，而对不想要的事物进行了习惯性无视，除非你强调再强调，但这样就无疑丧失了效率。我有一段时间脚痛风，痛风是不能吃菠菜的。我问助手中午吃什么，她说西红柿炒鸡蛋，外加一个青菜。我告诉她不要菠菜，没想到中午上来的正是我说过不要的菠菜。她说隐隐约约听到我说菠菜，她选择性地听了自己想要的部分。对此我表示理解，因为她确实很辛苦，忙起来的时候听我说话都不抬头的。

在教练的过程中也一样，教练往往不是正常的节奏，一次性输入

有效教练三原则

1

要让学员负责，而不是替他负责

2

要关注学员想要的，不要关注他不想要的

3

让学员既有意愿，又有能力

的内容会很多，想要的和不想要的掺杂在一起，很容易让人混乱，甚至完全搞错。

让学员既有意愿，又有能力

教练最重要的作用，就像在模块七中提到的我的游泳教练的例子，是要让学员有做成某件事的意愿和能力。当她把我激发成超人，而且我自己真正想要学会的时候，即使她的教练技术不一定得法，也让我成功地学会了游泳。

认准一个目标：协助个人成长

组织里的优秀教练，能够协助学员实现个人成长。主要通过以下四个步骤来实现：自我认识、自我接受、自我呈现、自我实现。

自我认识是个人成长的基础。当一个人的自我认识得以提升的时候，他就会知道自己的优点和缺点在哪里，并且可以对它们进行管理。有的时候，你的所谓的缺点不过是你的优点过度发挥而已。认识到这一点之后，你要更加自我约束，因为每个人身上都会有自己喜欢的和不喜欢的特质。比如，我就很讨厌自己经常无法拒绝别人。

我给一家公司做培训，课后稍事休息，我和同事去大厦的餐厅用餐，正好碰到一群人在大厦的广场上听主管训话。这个主管看到我就跑过来说："李老师，您好。"我说："您好。您怎么认识我？""我刚刚听了您一天的课。我整个团队全在这里，您能不能给我们讲几句？"抹不开面子，我就让同事在旁边等，我过去讲几句。但是大家都很热情，抢着提问，显然只讲几句是不行的。等到终于脱开身，我推门进去坐下吃饭，服务员很热情："李老师，很荣幸为您服务。"整顿饭下来我们连换个娱乐频道都不敢，只能看新闻频道的节目。

又比如，我很爱我妈妈，但让我受不了的是，在上了中央电视台节目的那个周末我回到家，从进小区大门的时候我就发现，每个人看我都像看怪物一样。原来我妈妈把那期的节目刻录了无数张光盘，每家送一张。我妈妈是深圳五星级义工，深圳市百名优秀志愿者（义工），她的志愿服务时间累计超过 3000 小时，是 2008 年奥运期间深圳市志愿者队伍的总调度。她是个超 S，很有服务精神，当然她的 I 型特质也很高，要不也做不了这样的工作。虽然感觉有时候受不了我妈妈，但我也只能默默接受，既接受我妈妈对我的爱，也接受自我。

教练的工作目标，就是协助每个人在自我认识的基础上学会接受自我，在自我接受之后更好地自我呈现，并且学会有效地自我实现。

下面我们来巩固一下知识结构。我们身上有什么特质最容易帮我们自我认识？ C 型特质。什么特质最容易自我接受？ S 型特质。什么特质最容易自我呈现？ I 型特质。什么特质最容易自我实现？ D 型特质。如果你是一名教练，你要用 C 型特质帮助学员界定问题，然后你要用 S 型特质接受他的现状，同时你要用 I 型特质欣赏他目前的表现，最后用 D 型特质提一些建议

组织里的个人成长

C

自我认识

S

自我接受

I

自我呈现

D

自我实现

请他进行相应的调整，这是你身为教练要做的一系列的呈现。在教练过程中还有一些特殊的沟通技巧，比如，要让学员明确目标，同时你要倾听，真正地理解他，理解的部分既要包含对事情的部分，又要包含自身情绪的部分。对于这一技巧，DISC 里无疑 S 型特质最强。

模块十

团队有效互动技术之二：沟通技术

避免陷入倾听的四个误区

在倾听的时候一定要避免以下四个误区：一是价值判断，二是追根究底，三是好为人师，四是想当然。其中，C 型特质和 D 型特质更易出现这些问题，因为这两种特质是更关注事情的。C 型人更容易陷入的误区是价值判断和追根究底；D 型人更容易陷入的误区是好为人师和想当然。

小测试：钱包丢了

情境 我是你很好的朋友，我的钱包丢了。在见面的时候我告诉你：“刘总，今天早上我的钱包丢了。”你会怎么回答呢？

选择 A. 在哪儿丢的？

B. 顺其自然，节哀顺变。

C. 旧的不去，新的不来。

D. 除了钱，有没有丢其他的？

E. 钱包丢了没关系，没有钱哥们请你吃饭。

F. 你损失大不大？

误区一：价值判断

今天早上我把钱包丢了，价值判断型的人会说什么？“太好了，破财消灾。”“没关系，旧的不去，新的不来。”请注意，这种话只能和自己讲，以及一些关系不分彼此的人讲，要是用错对象，基本上会被认定是幸灾乐祸，对方十有八九会翻脸。

误区二：追根究底

追根究底型的人对别人的事情总是充满兴趣，不太管别人是否乐意。对于丢了钱包这件事，他们会问：“那里面有多少钱？”“里面除了钱还有什么东西？”这样问还属于正常的，最让人怕的是什么？比如说我住在酒店，有人就会问：“李老师，你昨天晚上去哪儿了？要是没去钱包怎么会丢？”

有一天，小王和老张坐在一起。看到老张一脸不高兴，小王就说：“嘿，哥们，你有什么不高兴的，和兄弟说说。”老张说：“没什么。”“真没什么吗？可我看你明显不高兴啊，有什么不高兴的说说呗！”“没，真没什么。”各位，老张昨天陪媳妇逛街遇到了初恋女友，就是那么不经意地多看了一眼，不想被媳妇发现，两个人吵了一架，媳妇生气自己开车走了。老张没钱打车，家又不敢回，只好步行到办公室。本来就已经很累了，小王还不停问他，他肯定不会和小张讲。有的时候不要碰到别人不愿意回答的底线，可是 C 型人好奇心强，喜欢刨根问底，所以这是需要避免的。

倾听的四个误区

1

价值判断

2

追根究底

3

好为人师

4

想当然

有好奇心是好事儿，但是一定要用好它。早些年家家户户都用一种黄色的圆形灯泡，据说有小孩子玩耍时，不小心把它放到嘴里了，怎么也取不出来，只好求助于医生。即便生产厂家很有心，已经在包装盒上用很大的字写着：“请勿把灯泡放入口中，以免卡住。”这条信息登报以后，很快就有多起灯泡卡住的事件发生，不是小孩，全是大人。

误区三：好为人师

好为人师型的人会这么说：“钱包丢了有什么大不了？皮包不丢就可以了。别大惊小怪了，我走过的桥比你走过的路还要多。”要么就是：“不听老人言，吃亏在眼前。早就跟你说过了，叫你把钱包放好，你就是不放好。”这样的人的出发点是好的，告诉你没鞋穿没什么不好，有的人连脚都没有呢。可是心情不好的时候会怎么理解：我只是没鞋穿，你还要诅咒我没脚吗？往往矛盾就会爆发。

误区四：想当然

什么叫想当然？今天早上我把钱包丢了。“李老师，真的不是我拿的。”“你一定是把钱包忘在了家里。”但我从来都没有说过我丢钱包和他有什么关系，而且我是出差直接回公司的，半个月都没回家了。

高效沟通：善于运用 S 型特质作倾听

小测试：与女友分手

情境 交往了多年的女朋友，昨天晚上突然和我提出分手，你会怎么对我说？

以下是几种典型的错误回答：

价值判断型："真分了啊？！我早就说你俩不合适，像你这样的早晚会被甩的。""分就分呗，既然不合适，早分早好。旧的不去，新的不来。"

追根究底型："李老师，你一直讲沟通，讲团队，讲家庭，你也会分手啊！""怎么分的？你详详细细地把经过跟大姐讲讲，关键的细节千万不要漏掉。"

好为人师型："哎呀，分手有什么！我一哥们结婚 7 年，照样离婚。你这恋爱才 5 年，根本不算什么！"

想当然型："你为什么要告诉我这个？想追人家就明说嘛。"

> "
> S 型人的回答是：
> '我知道你现在很难过，不过没有关系，你要是愿意说，大姐就听你讲，你要是不愿意说，大姐就陪你坐一下。'"

最适合作倾听的是 S 型特质和 I 型特质，因此要善于运用这两个特质。I 型特质热情开朗，能够较好地缓解情绪和转移注意力，在短期内能够起到不错的效果，但是从长期看来，还是 S 型特质更有效。我在桂林移动讲课，他们的工会主席是一个大姐，她的回答是："我知道你现在很难过，不过没有关系，你要是愿意说，大姐就听你讲，你要是不愿意说，大姐就陪你坐一下。"感觉真的好温暖，她先与你感同身受，知道你现在很难过，而且接下来也没有逼你做决定，而是让你做选择。请注意，这个失恋的人有可能因为这看似普通的几句话就重新振作了起来。这个才是真正好的沟通技术。

沟通的两种模式：说服和交流

团队沟通有两种常见模式：一种是说服，一种是交流。

我们大多是在说服而不是在交流

我们大部分的时间是在说服而不是在交流。我有两家公司，一家咨询公司，一家软件公司。软件公司的副总对我说：“老板，咨询公司那边真的很难沟通。我方案已经发过去了好几天，他一直没有回应，怎么讲也讲不通，这个人怎么这么难沟通！”他的出发点在哪里？在于说服对方：如果你按我说的做，就是“能沟通”；不按我说的做，就是“不能沟通”。

再讲一个家庭的案例。我每个月在家的时间都很少，周末在家的时间更少，因为这个时候大多在外面讲课。我的太太喜欢看电影，只要我周末在家，她就会说：“老公啊，好不容易周末了，陪我去看电影。”对于我来说，其实很想去听课，因为自己一直在讲，需要吸收一下别人的精华。

如果我太太坚持要去看电影，而我坚持要去听课，那两个人肯定会有矛盾，这就是一个斗智斗勇的说服的过程。说服的出发点在哪里？在解决方案。关注解决方案是很容易激发矛盾的，而且只要一句话就够了：“老公，一定要去看电影，不看电影就是不爱我。”她只要加这一句话，矛盾立刻升级。组织里面也一样，A 领导提出 A 方案，所以一定要用 A 方案；B 领导提出B方案，所以一定要用B方案。A领导说："不用A方案，就是看不起我。"B领导说："不用B方案，就是侮辱我的智商。"用说服的方法时，两个人不是在解决问题，而是在就彼此的立场作斗争。

> "用说服的办法时，两个人不是在解决问题，而是在就彼此的立场作斗争。"

多用交流满足彼此的需求

> "最有效的沟通就是交流，只要各自退一步就好了。交流的角度是找到彼此需求，然后尝试着拿出第三套解决方案。"

怎么解决这个问题？其实很简单，最有效的沟通就是交流，只要各自退一步就好了。交流的角度是找到彼此需求，然后尝试着拿出第三套解决方案。第三套解决方案不一定要与第一、第二套完全不同，而是经过修正过之后能够满足彼此需求的方案。首先让我们来弄清楚彼此的需求。我太太要出去看电影，她真正的需求是什么？有人陪她。那退后一步，只要我陪她，那就是满足了她的需求。反过来，我的需求是去听课，是个人的成长与提高。那有没有一个方案是两者兼顾的呢？带她一起去听课，但选的主题一定是涉及家庭的，是涉及很多互动的课程，而不是单单听讲师演讲。我们一起去听课是一种方式，也可以一起去看电影，但是看什么片子要听我的意见。

在团队沟通中，你要先找到落脚点，即明确用说服还是用交流。建立了这样的前提，接下来的沟通就变得简单了，你要

“你要随时问自己，到底是在说服还是在尝试交流。”

随时问自己，到底是在说服还是在尝试交流。这并不代表说服没有用，当老板已经做出一个决定性的选择时，就最好不要再商量了，而是直接去做一些说服。在这个过程中，要想交流就要照顾到对方的需求，并且要照顾到对方的沟通风格。有句话送给大家：同流才能交流。

交流方式的正确打开途径在于，提出方案的时候要用开放氛围而不是用价值判断。很多时候分歧之所以存在，是因为双方在强调不同的东西，而不是他看不到你看到的东西或你看不到他看到的东西。我们之前经常强调的一个沟通障碍是两个人看到的事物存在差异，可是我们现在发现一种情况是，你看到的我也看到了，但是我们强调的东西不一样。现在这种情况更应引起我们的注意，因为它更为常见，而且影响也更大。

“当你在与别人沟通出现矛盾时，要告诉自己，先向上找共识，再向下找方法，这样你才有机会了解彼此的需求，然后才能找到解决问题的办法。”

为了寻求一致，我们要着眼于共同的目标而向上寻找。越向上寻找，找到的目标就越大，越大就越容易达成共识。在企业中最大的共识往往是企业利益最大，各部门虽然都有各自的利益，但在向上找共识的时候都是为了企业利益。所以当你在与别人沟通出现矛盾时，要告诉自己，先向上找共识，再向下找方法，这样你才有机会了解彼此的需求，然后才能找到解决问题的办法。向上找共识，向下找方法，你要具备这种关键能力。当你有这个能力而别人没有时，没关系，你可以用他接受的方式去影响他。你是改变不了别人的，你唯一可以调整的是自己，所以要强调共同目标，要善于倾听别人的意见，这样才能促进彼此的沟通。

组织沟通的要素

关于这个主题有很多角度，我们结合 DISC 理论来作一个探讨。

通常认为，组织沟通包含以下六个要素：

第一个要素，要有清晰的任务。一个有效的工具是按照重要和紧急两个维度对任务进行区分的。第四代的时间管理特别强调对重要但不紧急的事情的重视，因为重要而且紧急的事情你马上就会去做，你不做别人也会推着你去做，但是你必须提醒自己，应该把大部分时间花在重要而不紧急的事情上。

第二个要素，要有足够的资源。资源既包含专业的技能，又包含人际关系。人际关系是极其重要的资源，你在组织里面的被认同度高，说明你的个性有优势。在未来只存在两种核心竞争力：要么你有不可取代的专业能力，这件事情只有你能做；

组织沟通的要素

清晰的任务

任务的重要度和紧急度要区分开来

足够的资源

既包含专业的技能，又包含人际关系

可靠的信息和秩序

明确目标，然后建立规范

用信任的方式提供支持和培训

不限于专业知识方面，人际互动方面也很重要

以尊重的方式定期反馈

相互表达认可和欣赏

技术与过程协助

必要的技术支持和组织安排

要么你有受人欢迎的性格特质，虽然你不能直接提供答案，但你知道可以找谁帮忙。这两种核心竞争力至少应具备一种，要是一个都没有，那你个人的核心竞争力是缺乏的。

第三个要素，要有可靠的信息和秩序。首先要明确目标，然后建立规范。

第四个要素，要学会用信任的方式提供支持和培训。不限于专业知识方面，人际互动方面也是很重要的。

第五个要素，以尊重的方式定期反馈。即相互表达认可和欣赏，对事情要学会用 D 型特质，对人要学会用 S 型特质。

第六个要素，技术与过程协助。要有必要的技术支持和组织安排。

我们对组织沟通的要素加以分析就可以发现，用好 D、I、S、C 四种特质，可以让我们在组织沟通中如虎添翼。清晰的任务，就是要学会用 D 型特质和 I 型特质；足够的资源，就是要用好 C 型特质和 I 型特质；可靠的信息和秩序，就是要用好 D 型特质和 C 型

特质；用信任的方式支持和培训，就是要用好 D 型特质和 S 型特质；以尊重的方式定期反馈，以及技术与过程协助，就是要用好 S 型特质和 C 型特质。

我在南宁参加青年创业峰会前与主办方交流，主办方认为他们的目的在于培养“具有高度责任感，认真仔细，同时极具团队精神的少年领袖”。这样说有没有问题？没有。但是我习惯从 D、I、S、C 四个角度看问题：高度责任感强调 D 型特质，认真仔细强调 C 型特质，极具团队精神强调 S 型特质，还差一个强调 I 型特质的。所以我建议他们加一个核心词，叫“快乐的”，变成“具有高度责任感，认真仔细，同时极具团队精神的快乐的少年领袖”。他们一听恍然大悟，觉得加得非常好。那天晚上兴奋地给我打电话：“李老师，我们最近的报名率都明显增加了！”所以，当你尝试着用 DISC 的思维模式看待工作和生活中的事情时，会得到一个全新的角度，能够给你很多意外的惊喜。

高效组织的文化呈现

一个高效组织的文化呈现，主要有以下五个方面：主题与身份、热情与精力、充满故事的历史、个人认同与归属和非同一般的高绩效。

如果运用 DISC 理论进行分析，就会变得很简单：主题与身份是组织的定位，需要运用 D 型特质；热情与精力需要运用 I 型特质；充满故事的历史，故事看起来需要运用 I 型特质，但写好故事需要更多地运用 C 型特质；个人认同和归属需要运用 S 型特质；非同一般的高绩效是前面四个都完成以后会达到的结果。

团队沟通最棒的结果

最后，我们来看团队沟通最棒的结果。如果你的团队组织沟通做得很好，你将看到以下四种理想的结果：第一，领导是有效的；第二，相互的信任和尊重；第三，充分沟通与取长补短；第四，持续学习与高效的工作程序。

同样，如果运用 DISC 理论进行分析，以上四种结果分别对应了 D 型、S 型、I 型和 C 型特质的运用。

所以，从 DISC 使用者的角度将各种主题、各种理论解构和还原，你会发现学习可以变得很轻松、很有趣。

编者手记

中篇共有五个模块，讲了两个问题：第一个问题是如何把个人放对位置，模块六至模块八对此进行了讨论；第二个问题是如何让团队有效互动，模块九和模块十对此进行了讨论。整个课程仍然把 DISC 理论渗透其中，可以看作对 DISC 理论的巩固和运用。

领导力的核心是如何“善任”。首先是如何把个人放对位置，其实就是处理好岗位需求、企业个性化需求和员工内在特质这三者的关系，做到“人岗匹配”；其次是如何让团队有效互动，一是靠教练，二是靠沟通。

模块六是团队管理模块，解答了团队管理中许多常见的问题。第一是团队成员数量的管理，团队成员（或直接下属）最好在 5 人以内，因为高级管理者的有效管理幅度是 7。用错一个人，对外有商机、商誉的损失，对内有组织沟通和知识管理

模块六 团队管理	模块七 选拔人才	模块八 培训人才	模块九 教练技术	模块十 有效沟通
把个人放对位置			让团队有效互动	

体系断层的损失。第二是团队的结构。海峰老师首先指出要强化团队的角色认知，比如通过 PPF 模型或 DISC 软件来生成定制的 DISC 报告，每个人都能评估自己“可以成为谁”以及在团队中倾向于承担的职责。接着，海峰老师结合携程四君子的案例，说明团队成员应该合理搭配、阶段分工。第三是团队的发展，从形成期到风暴期，团队的主要需求是找准目标，完成任务；从风暴期到规范期，团队的主要需求是表达看法，了解差异；从规范期到绩效期，团队的主要需求是形成默契，各司其职。第四是团队的情境领导。情境领导理论认为领导者应该根据下属的成熟度来选择正确的领导风格：对能力不强、意愿也不高的员工，用 I 型和 D 型特质相结合的风格；对能力不强但意愿高的员工，用 C 型特质加强管理；对能力强但意愿不高的员工，用 I 型特质加强沟通；对能力强、意愿也高的员工，用大 S 型特质加强领导。

模块七是选拔人才模块。海峰老师首先指出，人才能否变成人灾，关键点有两个：一是这个人才是否有自知之明；二是

模块六 团队管理	**团队成员的数量** 最好在 5 人以内 高级管理者的有效管理幅度是 7	**团队的发展** 从形成期到风暴期：找准目标，完成任务 从风暴期到规范期：表达看法，了解差异 从规范期到绩效期：形成默契，各司其职
	团队的结构 角色认知 合理搭配，阶段分工	**团队的情境领导** I.D 结合：能力不强，意愿也不高 以 I 为主：能力强，但意愿不高 大 S 为主：能力强，意愿也高 以 C 为主：能力不强但意愿高

领导者是否有和他协调的能力。海峰老师接着讲了衡量人才的三大维度，一是能力，二是意愿，三是性格；还介绍了 ASK 模型，一问态度，二问技能，三问知识。海峰老师带领大家做了一个 EQ 大测试，告诉大家：无论你在测试中选择什么，都会有人录用你，关键在于你要找对自己的位置。海峰老师随后分析了选拔人才的三大误区：一是依赖面试官感受，忽略岗位需求；二是套用通用标准，忽略个性化需求；三是关注外在标准，忽略内在特质。并提出了解决方案：针对具体岗位，就性格部分进行个性化测试。海峰老师接着通过案例分享的方式，为我们揭示了百万年薪经理人的选拔流程：首先是了解应聘者的性格特质；其次是了解岗位需求；最后是速配，选择合适的人，分析优劣势。海峰老师还特别谈到了哪些人参与岗位设计，有上级主管、HR、内外部客户和绩优者。最后，海峰老师谈到了影响

模块七 选拔人才

人才两要	一是人才是否有自知之明		二是领导是否有协调能力	
人才三维	一是能力	二是意愿	三是性格	
选人三问	一问态度 A 你为什么要来做这个工作？	二问技能 S 你做过哪些类似性质的工作？	三问知识 K 你对这个工作了解多少？	
选人三误	1 依赖面试官感受 忽略岗位需求	2 套用通用标准 忽略个性化需求	3 关注外在标准 忽略内在特质	
选人三步	1 了解应聘者的性格特质	2 了解岗位需求	3 选择合适的人，分析优劣势	
设岗四人	1 上级主管	2 HR	3 内外部客户	4 绩优者
绩效三因	1 薪资待遇 10%	2 培训 30%	3 选对人 60%	

绩效的因素。令人惊讶的是，薪资待遇的影响只占 10%，培训占 30%，而选对人高达 60%，选拔人才远远比想象中更重要。

模块八是培训人才模块。海峰老师首先分析了成人学习的四个心理与教育特征，分别是实用性、主导性、理论性和思考性；然后结合 DISC 理论，介绍了四种不同的讲师风格，有 D 型特质的指导型、I 型特质的演讲型、C 型特质的教育型和 S 型特质的促进型。最后，指出了在培训的三个阶段应该注意的不同问题：在培训前的需求调研阶段，需要调查清楚，是什么样的人要培训，我们企业要派什么人去参加培训，以及培训最重要的目的是什么；在培训的组织和实施阶段的影响因素有很多，讲师的授课风格是一个，根据学员的准备情况来调试是一个，事后做持续的跟进也是一个。在培训后的效果评估阶段，需要注意四个层面的效果：一是反应层面，二是知识层面，三是行为层面，四是绩效层面。

模块九是教练技术模块。海峰老师首先介绍了一个有效的

模块八 培训人才

成人学习的四个心理与教育特征

实用性 主导性
理论性 思考性

讲师授课的四种风格

D 的指导型 I 的演讲型
C 的教育型 S 的促进型

培训的三个阶段

1 培训前的需求调研
什么样的人要培训？我们要派什么人参加培训？培训最重要的目的是什么？

2 培训中的组织和实施
确定授课风格，根据学员的准备情况来调试，事后的持续跟进

3 培训后的效果评估
反应层面，知识层面，行为层面，绩效层面

教练工具——乔哈里资讯窗，它分为公开区、盲区、隐藏区和封闭区四个区域，我们要做的是通过互动，拓展公开区范围，消减自己与他人的未知。然后揭示了一个公式：绩效表现＝你的能力＋正面的教练－别人的干扰。要想成为一名优秀的教练，需要注意以下几点：要让学员负责，而不是替他负责；要关注学员想要的，不要关注他不想要的；让学员既有意愿，又有能力。最后讲到了教练如何协助学员实现个人成长，主要通过四个步骤来实现：自我认识、自我接受、自我呈现和自我实现。

模块十是有效沟通模块。海峰老师首先通过“钱包丢了”和“与女友分手”两个有趣的案例来说明倾听的四个误区：价值判断、追根究底、好为人师和想当然。然后提出了两种沟通的模式：一种是说服，一种是交流。我们大多是在说服，而不是在交流。说服时往往双方的重点不是在解决问题，而是在做立场斗争；而交流时会找到彼此需求，然后尝试着拿出第三套解决方案。关于怎么找到第三套方案，海峰老师拿出了自己的

模块九 教练技术

乔哈里资讯窗

	自己知道	自己不知道
他人知道	公开区 open	盲区 blind
他人不知道	隐藏区 hidden	封闭区 unknown

绩效表现＝你的能力＋正面的教练－别人的干扰

要让学员负责，而不是替他负责
要关注学员想要的，不要关注他不想要的
让学员既有意愿，又有能力

协助个人成长四步骤

自我认识、自我接受、自我呈现和自我实现

秘诀：“先向上找共识，再向下找方法。”接着，海峰老师讲到了沟通的要素，有清晰的任务、足够的资源、可靠的信息和秩序、用信任的方式提供支持和培训、以尊重的方式定期反馈和技术与过程协助。还讲到了高效组织的文化呈现，主要有主题与身份（运用 D 型特质）、热情与精力（运用 I 型特质）、充满故事的历史（运用 C 型特质）、个人认同与归属（运用 S 型特质）和非同一般的高绩效（结果）。最后，谈了团队沟通最棒的结果：领导是有效的（运用 D 型特质），相互的信任和尊重（运用 S 型特质），充分沟通与取长补短（运用 I 型特质），持续学习与高效的工作程序（运用 C 型特质）。

模块十 有效沟通

沟通的误区

价值判断 追根究底
好为人师 想当然

沟通的模式

说服：不是在解决问题，而是在作立场斗争

交流：找到彼此需求，尝试第三套方案

沟通的要素

清晰的任务
足够的资源
可靠的信息和秩序
用信任的方式提供支持和培训
以尊重的方式定期反馈
技术与过程协助

高效组织的文化呈现

主题与身份（D）
热情与精力（I）
充满故事的历史（C）
个人认同与归属（S）
非同一般的高绩效（结果）

沟通最棒的结果

领导是有效的（D）
相互信任和尊重（S）
充分沟通与取长补短（I）
持续学习与高效的工作程序（C）

下篇

领导力之运用

- 领导力与团队建设：一个小实验和三个小故事
- 领导力与企业发展：携程四君子的故事
- 领导力与事业兴衰：齐桓管鲍的故事
- 领导力与家庭和谐：我与太太的相处之道

模块十一

领导力与团队建设：一个小实验和三个小故事

你了解你的团队成员吗

人们常说，千人千面。对人管理最大的困难之一是每个人都是不一样的。作为一名团队领导者，在应对形形色色的人时都要做到游刃有余。君子和小人，能人和庸人，亲人和仇人，这是人们对他人最直接的三个判断。做好了对这三组人的管理，领导者在团队建设上就可以说至少成功了一半。

需要说明的是，只要有人的地方，就会有社会，就会存在对人的判断，于是就有了君子与小人、能人与君子、亲人与仇人之分。我们在此引入这三个分类标准，只是为了较好地反映现实，不等于就认同了这样的分类。再次强调：我们反对给人贴标签，因为人的特质是可以改变的，而且因为所处角度的不同，对人的感受和认识也不同。

“我们反对给人贴标签，因为人的特质是可以改变的，而且因为所处角度的不同，对人的感受和认识也不同。”

还记得模块四的小实验吗？你现在要做的事情是拿一张纸、一支笔，找一个没有人打扰的房间，把你直接下属的名字写下来，然后在旁边做标注，比如是君子（对领导忠诚，对团队归属感强）还是小人（对领导不忠诚，对团队没有归属感），是能人还是庸人，是亲人（自己喜欢的人）还是仇人（自己讨厌的人）。接着来看每一个下属的行为在你看来是正常的还是异常的，如果是异常的，他的异常行为有没有得到有效激励和规范。如果团队成员的异常行为得到了有效激励和规范，那么你的领导就是卓有成效的；如果团队成员的异常行为没有得到有效激励和规范，那么说不定什么时候一个埋在你团队中的巨雷就可能被引爆。

如何有效激励和规范团队成员的异常行为？我们要从源头上来解决。首先回答如下问题：在你的直接下属中，如何让小人都变成君子，让庸人都变成能人，让仇人都变成亲人？

在本模块我们回答后两个问题，第一个问题留待模块十二回答。

只要放对位置，庸人也能变能人

“庸人并不一无是处，只要放对位置，庸人也能变能人。”

庸人并不一无是处，只要放对位置，庸人也能变能人。据《韩诗外传》记载，齐桓公即位后，为了齐国霸业，四处招揽人才，设庭燎之礼——专门在一个庭院里点燃起火炬，作为广招天下人才的地方。但是过了一年，也没有招来一个贤士。试想他手下有管仲，有鲍叔牙，正如现在一家公司，林伟贤和唐骏都在那里打工，你敢去应聘高管吗？你会想，这是什么神仙公司啊，还是别去了，免得自取其辱。

终于有一天，一个自称来自东野的懂得九九乘法表的野人（这里野人不是指没进化好的人，而是住在鄙野从事耕作的人，社会地位比国人低）跑来了。齐桓公哭笑不得，说：“九九足以见乎？”不要笑，九九乘法在2000多年前是相当高深的数学，会的人并不多，但齐桓公要招揽的是政治人才，所以不觉得这是多了不起的本事，最多做个低级财务官罢了，还用得着国君亲自面试吗？

野人回答道：“臣闻君设庭燎以待士，期年而士不至。夫士之所以不至者，君，天下之贤君也，四方之士皆自以不及君，故不至也。夫九九，薄能耳，而君犹礼之，况贤于九九者乎！

夫太山不让砾石，江海不辞小流，所以成其大也。”

齐桓公一听太有道理了：如果我对一个会背九九乘法表的人都大为重用，那么还怕有卓绝才能的人不抢着来吗？于是给了野人十足的礼遇，并根据他的才能高配了官位。结果事情传出，天下为之轰动，不到一个月，四方贤士云集而至。

这个野人是不是庸人？是，也不是。会背九九乘法表显然只是小术，离齐桓公要求的治国之道有很大的距离，而且野人出身卑微，把他归入庸人之列并不过分。但我们换个角度来想，能有如此卓绝的眼光，时机把握得如此之准，而且讲出这么大的道理能让齐桓公折服的人，能是一个庸人吗？

就是这样一个众人眼中的庸人，善于用人的齐桓公把他变成了一个能人，一个对齐国、对齐桓公有大用的人。那么齐桓公怎么用他的呢？齐桓公看重的是重用他之后带来的巨大示范效应。

这个野人肯定是个有智慧的人。请问他最大的才能是什么？会九九乘法表？眼光好，善钻营？口才好，能说会道？都不是。他的最大才能是有自知之明：他知道自己就是能背九九乘法表，而且只能背九九乘法表。

我到阿里巴巴给他们的业务员做培训，场内一次坐了 2000 人。阿里巴巴是个很讲求资历和贡献的地方，所有在阿里巴巴工作 5 年以上的人坐到台上，工作 5 年以下的人坐在台下。讲课的过程中我做了随机采访，很为台上的一位员工感动。我问：“你在阿里巴巴担任什么职位？”他回答：“现在就当一个小主管。”我问：“带几个人？”他答：“两个人。”台下一片哗然，因为台下有些人进公司没多少天就带十几个人了，可是他在台上，只带了两个人。但是他接下来讲的话让我印象深刻，他说："虽然我只带了两个人，但是我很高兴，我有机会可以为阿里巴巴作贡献，而且我很喜欢我的工作，觉得很有成就感。"

> "把能人放错地方，能人也会变成庸人；把庸人放对地方，庸人也能变成能人。"

这就是自知之明。一个员工，只要有了自知之明就是有用之才，即便是庸人，也容易放对地方成为能人。把能人放错地方，能人也会变成庸人；把庸人放对地方，庸人也会变成能人。员工的自知和领导的知人是相辅相成的。怎么把庸人变成能人？找到他的长处，让他做自己喜欢和擅长的事情，做他自己认为最重要的事情。

模块七中讲到，我在帮肯德基做新员工入职咨询的时候，教给他们的方法很简单，就是向准备入职的新员工问一个问题：你觉得什么对肯德基最重要？

其中有三个新员工，每个人的答案都不一样：甲答笑容对肯德基最重要，乙答小朋友对肯德基最重要，丙答环境卫生对肯德基最重要。这三个新员工的答案哪个是对的？三个都对。笑容重不重要？微笑是服务业的标志，当然重要。小朋友重不重要？重要，一个人的饮食习惯可以从小养成，即使有一天你从孩子长成大人，你也还会带自己的孩子来吃肯德基。环境卫生重不重要？重要，我们谈恋爱、谈生意，去中餐厅多还是西餐厅多？去西餐厅多，那里的环境比较好，吃饭某种程度上是为了享受氛围。

甲、乙、丙三个新员工的答案都是对的，主要看领导者对每个人怎么用。甲觉得微笑最重要，那么好，由甲来担任接待的角色。领导者如何发挥示范作用，用好员工？一是发挥员工的专长，二是在他擅长的领域强化他的权威和专家感，比如让甲成为店里的微笑大使，每周抽出固定半天来教所有员工微笑。

微笑也是练出来的，有个原则叫“三米八齿”，让顾客在三米的距离上看到八颗牙齿。主要是为了让顾客有宾至如归的感觉，同时又能很好地向顾客表现亲和感。请问微笑露出的牙齿是哪八颗？上四颗、下四颗，对吗？让我们一起来做露出上四颗、下四颗牙齿的微笑动作，两两相对，来，一二三，微笑。你要能这样微笑出来，还能让顾客看到你不诧异，那就是奇迹了。其实“三米八齿”中的“八齿”指的是上面的八颗牙齿，所以许多时候不要想当然。为什么是上面的八颗牙齿？据说人只能露出八颗牙齿，所以那不是微笑，是大笑。可即便是大笑，你想要 100 分，展示出来的往往只有 80 分，到对方接受时又变成了 60 分，这是一个正常的现象。

回到原来的话题，乙认为小朋友最重要，那么就由他来做店里的宣传大使，穿着厚厚重重的衣服去教大家跳舞，在店里专门区域帮小朋友庆生，到社区做形象宣传。丙认为环境卫生最重要，那么由他来做店里的卫生形象大使，每 45 分钟检查一下地面卫生怎么样，桌面卫生怎么样，洗手间卫生怎么样，门外卫生怎么样，随时保持卫生清洁。

请注意，肯德基让员工做这些事情，是不额外给一分钱的。我们这里不讨论资本家剥削劳工这类话题，主要来看肯德

> “让员工做他们自己认为最重要的事情，对他们来说最有成就感的事情。当一个员工认为某个工作最重要，他对这个工作最易获得成就感时，他就有很强的动力把这个工作做到最好。”

基在用人方面做对了什么。总结起来讲就是：让员工做他们自己认为最重要的事情，对他们来说最有成就感的事情。当一个员工认为某个工作最重要，他对这个工作最易获得成就感时，他就有很强的动力把这个工作做到最好。把人放对了位置，庸人也能变成能人，所以柯林斯讲：“什么是企业对的人？一个人的内在特质，往往比外在的知识、经验、技能都来得更加重要！”只要内在特质合适了，知识不足，可以补；技能不足，可以练。企业选人用人的精髓在于八个字：胜任工作，乐在其中。胜任工作是保证员工现在有好的绩效，乐在其中是保证员工持续有这样好的绩效。

设身处地理解别人，让仇人变亲人

怎么让仇人变成亲人？那就要多沟通，彼此知道共同点。再次强调，这里的仇人不是真的有仇，而是指自己本能上讨厌的人。盲人摸象产生的原因是什么？是因为胖盲人摸到的是象牙，高盲人摸到的是耳朵，矮盲人摸到的是大腿，瘦盲人摸到的是尾巴……可是我们到企业做咨询，发现根本不是这样，许多团队成员的矛盾不是说你摸到了象牙，我摸到了尾巴，而是大家都不是盲人，都看到了面前的大象，但是甲强调耳朵，乙强调大腿。有什么不同？盲人摸象的矛盾较易解决，既然都不是真的盲人，你带我看一下尾巴，我带你看一下象牙，不就解决了吗？但是看到了却当作没看到的情况，这种矛盾就不容易解决了，因为他可能会说："我没有看到。"你说他看到了吗？肯定看到了，可是因为强调的重点不同，所以对其他方面视而不见。这个时候就要沟通，成功沟通的第一步他可能会说："我确实看到了。但是你说的是尾巴，怎么能和我说的象牙相比？"然后接着沟通，讨论尾巴的重要性为什么不比象牙差，在多次沟通中增强理解，明白了各自的需求和关切点，也使得双方的性情有了更多磨合，最后很可能发现原来这个人不是想象得那么面目可憎，即使不能一下子仇人变亲人，变成正常的同事关系也不错。

模块十二

领导力与企业发展：
携程四君子的故事

先君子，大家都是君子；后小人，我们没有小人

“小人能不能变君子？当然可以，以江湖的方式进去，以商人的方式出来。”

亲人可以变仇人，庸人可以变能人，那么小人能不能变君子？当然可以，以江湖的方式进去，以商人的方式出来。

下面案例中的四个人，他们有一个共同的头衔，在古代叫商人，在现代叫企业家。作为商人和企业家，通常要在商言商，以企业的发

展和事业的进步作为奋斗目标，很难有真正的君子。既然大家把他们四个人合在一起称为“携程四君子”，说明对他们的行为方式还是非常认可的。让我们来看看他们做了什么。

他们是：季琦、沈南鹏、梁建章、范敏。这四个人只用了3年的时间就把两家公司做上市，厉害吧？他们是由一个团队来完成这个创举，而不是由一个人来完成。迄今为止，这个记录无人打破，所以我们要学习和借鉴。

这四个人是大学校友，由于志同道合决定一起创业，以江湖的方式聚在一起，绝对的君子，然后各施所长。季琦富有激情，对我国的商业环境有深刻的理解，最擅长发现优质创业项目，开疆拓土；可是他有一个挑战，那就是对细节、对事情缺乏关注，把企业创办成功之后，在需要进行流程的改造和细节完善的时候，就没有多大兴趣了。

1999年4月，季琦与沈南鹏、梁建章、范敏等人创建了国内第一家面向大众提供旅游服务的电子商务网站——携程旅行网（以下简称携程），并先后担任首席执行官（CEO）和总裁等职。2002年6月，季琦代表携程以500万元启动资金创办如家连锁酒店（以下简称如家），并担任首席执行官。2006年，我的一位同事采访季琦，问他携程和如家的商业模式是什么，季琦直接回答说：“谈什么商业模式啊，我们来聊聊创业的故事吧。”这个人是关注事情，还是关注人？关注人。他是行动快还

> “谈什么商业模式啊，我们来聊聊创业的故事吧。”
>
> ——季琦

是行动慢？行动快。季琦是一个I型人。这个人继续待在公司里，会创造一个又一个的传奇故事，但不一定能给公司带来持续盈利，因为一个公司要做大，领头人必须要有一整套方案：如果走高端路线，就要打造品牌，强化连锁，然后降低成本；如果走低端路线，就要做到独门独家，别家无法取代。在季琦的脑海中显然不打算考虑这些事情。

携程创立不久，更擅长公司管理的梁建章接替季琦担任首席执行官。梁建章16岁就读复旦大学第一届少年班，20岁获得美国乔治亚理工学院计算机系硕士学位，23岁成为美国管理会计协会和美国生产制造协会的注册会员。他在美国硅谷从事技术工作多年，曾任美国甲骨文公司中国咨询总监，是技术和咨询出身，参加过甲骨文公司的ERP开发，对企业的战略和流程管理有深入研究和了解。携程在他的领导下采用了一系列高效和创新性的管理方法，迅速成为中国最成功的网络公司之一和世界上最大的在线旅游公司之一。

梁建章是一个C型人，他把ISO9000从生产型行业引入服务性行业，建立了34个指标来考核携程一线业务员的绩效，使得携程接线员每个电话的平均接听时间从240秒降到了180秒。这意味着什么？如果说以前企业要支出400万元的电话费，现在只要多少？300万元。大家对数字要敏感，作为一名领导者，管理300人的难度和管理400人的难度，是3 : 4的比例关系吗？根本不是，随着管理幅度加大，沟通难度也随之加大，管

> “改进流程后，光话费就省了几百万。”
>
> ——梁建章

理难度是一个倍乘的关系。

梁建章最厉害的是管理体系，携程在他的带领下进入了快速发展轨道。但大多数创业者都有一个共同的梦想，那就是上市，于是轮到首席财务官沈南鹏大展身手了。沈南鹏有着花旗银行和雷曼兄弟亚洲公司的工作经验，又担任德意志银行董事兼中国资本市场主管 4 年，深谙投资银行业务。在沈南鹏的运作下，2003 年 12 月 10 日，携程在美国纳斯达克上市。

沈南鹏是一个目的性很强而又直言不讳的人，身上有很高的 D 型特质。他有两句被媒体广泛传播的话：第一句话是，我做公司的第一天，（目标）就是把它卖掉。第二句话是，携程和如家做得最对的一件事情就是“请走”季琦，不让他当 CEO。

携程上市以后，以上三个人都可谓功成名就了，这时谁来主持携程的大局呢？老成持重的范敏登场了，他是一个 S 型人。范敏在新亚集团工作多年，有丰富的旅游业管理工作经验，给携程带来了宝贵的线下资源。范敏认为旅游行业是一个伟大的行业，他说：“我愿意在携程待一辈子！”

沈南鹏在做公司的第一天就想着要把卖掉，卖越快越好，赚越多

> “我做公司的第一天，（目标）就是把它卖掉。”
>
> ——沈南鹏

> “我愿意在携程待一辈子！”
>
> ——范敏

越好；而范敏说他愿意在携程待一辈子。君子合而不同，携程四君子的性格特质各异，他们在携程发展的不同阶段，都发挥着各自不同的重要作用。

后来的情况是，梁建章一度淡出后于 2013 年 2 月回到携程担任董事会主席兼 CEO，范敏卸任 CEO，但是仍然坚守在携程，坚守在旅游行业，而季琦和沈南鹏都已经离开携程了。季琦在创立携程成功后又去创立如家，之后携程成功上市就卖掉携程的股票；在创立如家成功后又去创立汉庭，之后如家成功上市就卖掉如家的股票；在创立汉庭成功后也许感到不断创业太累了想休息一下，把汉庭改名为华住，担任创始人兼董事长至今。

季琦的胸怀让人不得不佩服。我想问大家两个问题：第一个问题，现在四个人合伙创业，你一个人是全职，全身心进来，其他三个都是兼职，给你摇旗呐喊，请问你还愿不愿意合伙？第二件问题，你好不容易把公司做起来了，大家说要上市，让你从老大的位置上退下来，请问你怎么想，你会退吗？季琦遇到的就是这样的两个问题，他不但心甘情愿把携程做出来了，还在携程发展需要的时候让出了首席执行官的位置。在创业本能的驱使下，季琦以自己的方式成就了携程四君子。

下面我们来说如家。上面已经提到，在创办携程成功之后，季琦拿着携程的 500 万元在北京王府井饭店租了个地下室，花一年半时间做出来了第一个如家的样板店。经过几年的发展，2006 年 10 月 26 日，由沈南鹏带领如家在纳斯达克上市。创业机会是季琦发现的，征询其他三个人的意见，沈南鹏说可以做；梁建章说可以做；范敏说反正我要在携程待一辈子，我就不做了。所以如家上市时的股份主要由三个人持有：季琦、梁建章和沈南鹏。

> “一个团队必须靠牢固的契约关系来规范，有了契约关系的规范，才能找到各自位置，充分发挥各自优势，彼此成为君子。”

接下来如家又发生了两件值得关注的事情：第一件事情上面已经说了，就是季琦又从 CEO 的位置上被“请走”了，换了一个人叫孙坚，孙坚之前在百安居任中国区运营副总裁，由他来做如家的 CEO。第二件事情，大家不妨猜猜，如家上市之后谁的收益最大？有人说，肯定是季琦，如家是季琦一手做起来的，他不拿最多我不服；有人说，沈南鹏把如家做上市，要是没有沈南鹏，就没有办法在个位数之后添零。然而事实是，赚钱最多的是看似在如家没起领头作用的梁建章。原因只有一个：携程四君子为防止日后被指着说小人，在创办如家时是签有君子协议的，梁建章在如家占的股份最大。当时范敏明确表示不入股。梁建章说我非常看好，要不我投两份，季琦和沈南鹏也表示同意。于是如家的股权比例是：季琦 25%，沈南鹏 25%，梁建章和他太太各 25%。有人说这太不公平了，可是换个思路来想，万一如家没做成，梁建章是不是也亏掉了 50%？一个团队必须靠牢固的契约关系来规范，有了契约关系的规范，才能找到各自位置，充分发挥各自优势，彼此成为君子。

所以作为领导者需要知道一件事情：做企业要以江湖的方式进去，以商人的方式出来。企业发展到一定阶段就要开始设置退出机制（必要的话在企业初创阶段就要设置），每一位重要的股东和经营骨干都要有相应的退出机制，只要通过契约的形式白纸黑字讲清楚，每个人也会有自知之明，知道拿到自己的那一份已经够了，这样大家就都是君子，而不会变小人了。你听过携程四君子彼此互相指责吗？听不到，因为他们有了内部协议，对外不能讲四个人之间的事情。那么这四个人有没有矛盾？怎么可能没有矛盾呢，一个人讲话讲得快也会把舌头咬到，矛盾一定会有，只是因为主要矛盾通过协议的方式解决了，其他矛盾就表现得不明显而已。

答企业家问：在每一个阶段找到最合适的人

我在同济大学讲 EMBA 课，学员们对携程四君子的创业故事非常感兴趣。有位百亿企业的董事长提了一个问题："李老师，在公司发展的不同阶段，他们四个人可以这样换，可我是公司董事长，不能换来换去啊。"

我告诉他，董事长固然可以不换，但是总经理或首席执行官可以根据发展需要作调整，因为携程换的也主要是首席执行官。在公司发展的不同阶段，需要倚重的地方是不一样的，不是说一定要换总经理或首席执行官，但是作为企业的掌舵人，一定要有这样的能力，就是要通过内部挖掘和外部引进等方式找到这四个人，而且你要知道在什么时候让最合适的人坐在最重要的位置。当然前提是你要看这四个人都顺眼，如果做不到，就会出现下面两种情形之一：你不够强势，被别人弄走；你很强势，别人被你弄走。我们经常说企业人才不够，可是人才很有可能就在你身边，而你却没有用好。

唐太宗开创了历史上有名的贞观之治，史学家们认为，太宗朝人才济济、群星灿烂起到了关键作用。唐太宗有两个基本的用人观：第一个用人观叫“以人为镜”，就是遇到事情的时候，擅长把别人的行为和自己的行为、别人的看法和自己的看法作对照，魏征就是唐太宗选的一面最好的镜子；第二个用人观叫“聚才为镜”，就是通过用好身边的人来创造良好的用人环境，以吸引更多的人才。天下人才虽多，但首先要用好的一定是你身边的人才，能为你所用的人才。企业家也一样，一定不要抱怨没有人才，因为人才就在你身边，无论什么人，只要放对了位置，都可以成为人才。先把企业已有的人才用好，创造良好的用人环境和建立起规范的用人机制，你所期望的人才才能被挖掘出来或者从外部引进来。否则即使给你个孙悟空你也不一定能取到经，而且什么位置都用孙悟空，前面探路的用个猴，身边护卫的用个猴，身后背行李的也用个猴，你一想不如再骑个猴吧，直接变成花果山马戏团得了。过度依靠一个人，以及过度追求同一性的企业是没有前途的。

领导者必须知人，要对自己有更多认识，要对别人有充分了解。这个说着容易，做着难。需要两个条件：一是运用正确的方法，二是经历相对长时间的磨合。在 Money & You 课程里会让学员们共同参与一个积木游戏，这很考验人的耐性，我的 S 型特质很高，性子已经够慢了，连我都受不了，那么它的意义何在？道理很简单，真正的好酒是酿出来的，“好原料 + 好工艺 + 时间”缺一不可，其中的关键是产生化学作用，否则再长的时间也不过是“天不生仲尼，万古如长夜”。作为领导者你可以和下属一起参与这个游戏，以加深对自己的认识和对下属的了解。

还有一位企业家问得很有趣：“李老师，你讲的这个案例真好，但是我的创业团队里只有三个人怎么办？”不要笑，这位企业家真的很认真，他抓住了一个重点，即携程四君子是四个人，具有 D、I、S、C 四种不同类型的特质；而且他很清楚这四个人的角色定位，分别是创始创业者、管理创业者、财务创业者和市场创业者。

这位企业家具有认真的态度和敏锐的眼光，但是没有做到活学活用。让我们一起回顾一下本书模块二中的三点提醒：第一，每个人身上都有 D、I、S、C 四种不同类型的特质，只是比例不同而已。第二，D、I、S、C 只是特质，本身并没有好坏、对错之分。第三，在不同的情境下，你可以调整和调动自己的特质，成为自己想要成为的人。而且我们在本书模块三中也强调了，D、I、S、C 四种特质的人都适合做领导，都适合做销售，也都适合做行政等，没有哪种比另一种更适合。

提醒大家不要进入机械套用的误区：第一，由于季琦、梁建章、沈南鹏、范敏分别是 I 型、C 型、D 型和 S 型特质，就认为每一家企业的创始创业者、管理创业者、财务创业者和市场创业者都只能是这样的特质，这是错误的。我们既研究规律性，但更认为企业家应该具有丰富多彩的个性。第二，在企业的不同发展阶段固然需要不同类型的人才，但不是说每一个发展阶段都必须四种人才兼备，而是在特定发展阶段找到最适合的人才就可以了，我们无须因为去北京常住就带齐短袖、长衫和皮袄。

作为一名企业家，如果你想取得辉煌成就，你一定要用到

> “没有英才做不成事，太多英才容易出事。”

很多人才，尤其是英才。英才的重要意义在于其影响力和号召力，这些不是有形价值，而是无形价值。一定要有英才，企业家才能把公司做大做强。公司没有英才，你就要自己当英才；自己当不了英才，你就要善于发现和任用英才。汉高祖刘邦有什么本事成就了大业？因为有汉初三杰，天下英才为他所用。而随着事业扩大，要用到的英才就越多，你协调他们的能力或他们之间彼此协调的能力就要越强。没有英才做不成事，太多英才容易出事。隋末和三国，都是前车之鉴。

模块十三

领导力与事业兴衰：齐桓管鲍的故事

管鲍之交与桓管之谊

“生我者父母，知我者鲍子也。”管仲与鲍叔牙的故事相信大家都知道。然而许多人并不知道，在管鲍之交的背后还有一个桓管之谊，讲的是齐桓公和管仲君臣相得、成就霸业的故事。可以说，没有管鲍之交，就没有桓管之谊；而正是有了桓管之谊，管鲍之交才显得愈加传奇。

我国历史人物加上演义人物所流传下来的相交相知的故事中，俞伯牙与钟子期的“高山流水”更多限于精神层面的相知，刘关张的“桃园三结义”为人传颂的更多是义气为重，而要论彼此相知最深，当首推管仲与鲍叔牙。

管仲和鲍叔牙打小就是很好的朋友。管仲家里很穷，鲍叔牙家里很有钱。鲍叔牙从来没有嫌弃过管仲，长大以后两个人还凑在一起做生意。打个比方，鲍叔牙投资800铜，管仲借来200铜，合在一起1000铜，做生意变成了2000铜，这时候要怎么分？8 : 2，对吗？没毛病，谁出的本钱多分红就多，常理来说该这样。实在不行的话，照顾一下管仲，至少一半一半。可是管仲每次都多分一点，这位是投资少，得到多，任谁看到了都羡慕。

古代农业社会有个排名叫“士农工商”，商人的社会地位很低。也许两人做生意以后赚到了一些钱，但凑在一起小酒一喝琢磨一下还是得做点正事。做事也是管仲跟着鲍叔牙，就像伟大导师马克思和恩格斯一样，管仲就是要跟着鲍叔牙，帮鲍叔牙做事。但即便是帮朋友做事，能不能帮上忙，最后做没做成事，是不是也很重要？管仲老是不帮则好，越帮越忙。后来连管仲自己也觉得不好意思了，正好有了一个机会，就告别鲍叔牙到外地当官，可是一连折腾了好几个地方，都是被上官撵走了。

如果你是鲍叔牙，管仲在你这里做事做不好，到别处当官也做不好，说明是你的问题还是管仲的问题？无疑是管仲的问题，因为管仲不只是在鲍叔牙这里做不好，在其他地方也没做好。可是鲍叔牙却说：“他在我这里做不好事，可能是我的问题；他在别的地方没当好官，可能是时机和环境的问题。”老子对儿子都不一定有这样的信任，对吗？可是作为朋友，鲍叔牙对管仲的信任高到了如此程度。后面我们还要说，鲍叔牙是个疾恶如仇、爱憎极其分明的人，因此这种信任就显得更加可贵。有的时候员工很卖命，是因为领导的信任高到了一定程度，放权到了一定程度，但是如果没有达到某个临界点，则很难有

“有的时候员工会很卖命，是因为领导的信任高到了一定程度，放权到了一定程度，但是如果没有到达某个临界点，则很难有相应的结果。”

相应的结果。

上面的情况说明的是能力，然而能力只是考验人才的一个方面，更深入的要看人品。我们来看管仲的人品如何。

春秋时期战乱纷仍，操起家伙为国效力的机会很多。管仲和鲍叔牙一起光荣参了军，打了几次仗，每次鲍叔牙都冲到最前面，管仲却次次当逃兵。这也就算了，管仲家里毕竟还有老母亲需要赡养，为孝道而惜命那不叫贪生怕死。

后来乱世中撞了大运，也许因为抱着鸡蛋不放在一个篮子里的原则，两人分别成为齐僖公两个公子的近臣。管仲辅佐的是公子纠，鲍叔牙辅佐的是公子小白，公子小白也就是后来大名鼎鼎的齐桓公。随后齐国内乱加剧，国内无主，逃亡在外的两个公子都抢着回国，谁先回去谁就能当国君。在各为其主的过程中，管仲是很聪明的，他知道跟着公子纠一起走肯定赶不上已经先行出发的公子小白，就自己骑马先行，到公子小白回国的必经之路上伏击他。管仲一箭射出，公子小白应弦倒下。其实公子小白只是装死，管仲一箭射在了他的铜制衣带勾上。管仲走后，公子小白与鲍叔牙加速前进。他们回到齐国都城临淄，由鲍叔牙进城劝说齐国贵族，公子小白顺利登上君位。

立下拥立首功的鲍叔牙自然就成为相国呼声最高的人选。而作为落败的一方，公子纠有两个重要的谋臣，分别是召忽和管仲。召忽因为公子纠被杀，所以自杀以示效忠，可管仲坚决不自杀，被人装在囚车里送了回来。鲍叔牙一见，马上让人将囚车打开，把管仲放了出来，并安排在自己家里住下。鲍叔牙还向齐桓公举荐，认为国相一职非管仲莫属。齐桓公在和管仲聊了三天三夜之后，很高兴地拜管仲为国相，并尊称管仲“仲父”。

下面的发展大家都知道，管仲协助齐桓公使得齐国强大起来，齐桓公成为春秋五霸之首。所以又一个问题出来了：大家觉得管仲的人品怎么样？看起来不怎么样。可是，作为一名领导，如果你是鲍叔牙，你有没有这个气量，有没有这个坚持？如果你是齐桓公，你有没有这个智慧，有没有这个气量？

鲍叔牙在推荐了管仲以后，心甘情愿位于管仲之下，始终兢兢业业做自己。他的德行得到了人们的交相称赞，他的子孙十几代都受到了荫泽，出了许多著名的人才。有意思的是，天下的人有不称赞管仲才干的，却没有不赞美鲍叔牙有一双慧眼能够识人的。

在我们看来，鲍叔牙的识人才能固然让人赞叹不已，而这个时期的齐桓公不但能够识人，更具高超的用人之能，同样难能可贵。

《史记·管晏列传第二》

管仲夷吾者，颍上人也。少时常与鲍叔牙游，鲍叔知其贤。管仲贫困，常欺鲍叔，鲍叔终善遇之，不以为言。已而鲍叔事齐公子小白，管仲事公子纠。及小白立为桓公，公子纠死，管仲囚焉。鲍叔遂进管仲。管仲既用，任政于齐，齐桓公以霸，九合诸侯，一匡天下，管仲之谋也。

管仲曰："吾始困时，尝与鲍叔贾，分财利多自与，鲍叔不以我为贪，知我贫也。吾尝为鲍叔谋事而更穷困，鲍叔不以我为愚，知时有利不利也。吾尝三仕三见逐于君，鲍叔不以我为不肖，知我不遇时。吾尝三战三走，鲍叔不以我怯，知我有老母也。公子纠败，召忽死之，吾幽囚受辱，鲍叔不以我为无耻，知我不羞小节而耻功名不显于天下也。生我者父母，知我者鲍子也。"

鲍叔既进管仲，以身下之。子孙世禄于齐，有封邑者十余世，常为名大夫。天下不多管仲之贤而多鲍叔能知人也。

用人之道：知短用长

请君子，治小人

领导者对员工性质界定的标准主要有两个：一是对企业的贡献，二是对企业、事业乃至信仰的忠诚度。根据前者，可以区分为能人和庸人；根据后者，可以区分为君子和小人。对能人和庸人的使用毋庸置疑，如果没有特殊原因，没有人愿意用庸人而不用能人。但是对君子和小人的使用就没那么简单了。有人也许会说，简单啊，套用上面说的话，对君子和小人的使用同样毋庸置疑，如果没有特殊原因，没有人愿意用小人而不用君子。话虽如此，但这两句话的情境是不同的，因为企业一定以发展为第一要务，所以“能人上，庸人下”必然是用人的第一原则；也正因为企业以发展为第一要务，“君子式的能人”和“小人式的庸人”好选择，但是在“君子式的庸人”和“小人式的能人”之间，就会存在艰难的选择。那么你会怎么做呢？

回到上面的故事，和鲍叔牙相比，管仲无疑是小人：一起做生意他要多分一点；碰到掉脑袋的事情他先跑；做事又做不好，做不好事情不是自己的问题而是外面环境不行。如果你是齐桓公，你敢不敢听鲍叔牙这个君子的话，用管仲这个小人做国相？相信大多数人都没有这个魄力，而齐桓公就敢，而且还成功了。

在总结了两汉兴衰的故事之后，诸葛亮在《出师表》中谆谆告诫后主刘禅，要“亲贤臣，远小人”。亲贤臣好理解，对企业而言，贤臣就是君子式的能人，这样的人构成了企业的支柱，毫无疑问需要亲近。那远小人呢，在现代企业管理中能不能做到？很难。在任何团队中，君子和小人都是相对的，这是一对互为依存的矛盾统一体。在某些时候或某种情况下，君子甚至有可能变成小人，小人也可能成为君子，这就是文化的影响力和管理的魅力所在。一旦发现一个小人或者一个人有做小人的倾向就把他辞退，请问你能不能做到？如果做不到这一点儿，就无法从根本上做到远小人。而远小人也有危害，且危害更甚于远君子：把君子放在比较远的地方，他在那里做的事情和在你面前做的事情不会有多大区别；可是如果把小人放得很远，他已经远离你的监管了，造成的危害将更加厉害且不可控。所以说，如果企业里不得不用小人，那不但不能疏远他，甚至要让他更近一些，要懂得有效管理他，这个是领导的智慧。所以我们不反对“亲君子，远小人”，但更提倡“请君子，治小人”，同时用好君子和小人。

与天下人打交道

君子和小人

请君子，治小人

亲人和仇人

亲人知短，仇人用长

用君子，是人品；用小人，是水平。商场如战场，你要成就更大的事业，不但要用得好君子，更要用得好小人，因为处天下之事，当有天下之心，就要与天下之人打交道。有的时候，君子对小人是没有什么办法的，可是小人却常常能制小人。俗语说得好，恶人还需恶人磨，所以抓鬼的时候找谁？钟馗。

当然，如果你对自己的认知很明确，定位也很明确，你说我只是想把一家企业做好，没有想到处什么天下事，我也没有能力和精力去治小人，那么，你踏踏实实地远小人就可以了，否则反受其害。

亲人知短，仇人用长

古时候战乱多，你砍我、我砍你很容易结仇，到了现代社会，虽然依然说商场如战场，企业之间仍有可能形成难以化解的矛盾，但在同一个企业内部，我们可以说没有仇人，只有好恶。企业里面有的人，让人看到就莫名喜欢：这个人品貌端正，根据我学习曾国藩《冰鉴》的经验，应该是个不错的人才。还有个别人，让人看到就莫名厌烦，不喜欢和他在一起做事，吃饭的时候看到他就能少吃好几口；极端一些的，在一个房间呼吸同样的空气都感觉是对自己的羞辱。有没有这样的人？有，是人就会有好恶，企业里难免有人是自己不喜欢的，能不打交道就不想打交道。这是另一种形式的亲人和仇人。

对齐桓公来说，管仲是亲人还是仇人？绝对是仇人，一箭差点要了齐桓公的命，怎么能让齐桓公喜欢得来？可是齐桓公还是愿意重用管仲，而且很快就信赖无比，称呼他“仲父”，托付以治国大任。

更有趣的是，管仲生病就要去世了，齐桓公去看望他，询问管仲谁可以做他的接班人，第一个就问到了鲍叔牙。管仲明确说，鲍叔牙，君子也，但不可为政。对管仲来说，鲍叔牙是亲人还是仇人？一定是亲人，即便全天下都抛弃了他，鲍叔牙也会站在后面喊“管仲是个好人”。没有鲍叔牙的友谊，管仲很可能连命都没有了，更不用说成为“一人之下，万人之上”的人上人。正因为鲍叔牙是亲人，两人互为知己，彼此非常了解，所以管仲坚决地否决了他。

《礼记·中庸》中说：“爱而知其恶，憎而知其善。”唐朝名臣魏征在临终前仍不忘劝谏唐太宗：“爱而知其短，恨而用其长。”魏征告诉唐太宗，作为一个领导者，理性应永远高于情绪之上。这对我们企业家仍然具有重要的借鉴意义：你喜欢一个人，就一定要知道他的短处在哪里，如果不知道他的短处在哪里，喜欢他反而很容易害他；你讨厌一个人，就要尽量发现他的长处在哪里，如果不知道他的长处在哪里，那无疑会对你的企业造成损失。

在上培训课的时候，有企业家说：“李老师，你讲的是好，我脑筋能转过弯来，可是情感上接受不了，我一看到有的人就很生气。”于是我和他说：第一，你要增加对人性的了解；第二，你要增加对这个人的了解；第三，实在不行，我们转换一个思路，让你痛恨的人帮你赚钱，是好事还是坏事？这么一来就很容易

管仲谈鲍叔牙

分财利多自与，鲍叔不以我为贪，知我贫也

以个人名义去帮助贫困员工，保持薪酬体系的公平与稳定

想通了。

我们通过管仲之口，来看鲍叔牙是怎么对待他这个“小人”的。管仲说：“我那时候很穷，曾经和鲍叔牙合伙做生意，分钱的时候我自己拿很多，可是鲍叔牙不认为我贪，而知道我只是贫。”看到了吗？鲍叔牙不认为管仲贪，因为他知道管仲家里贫困。

你在经营企业的过程中，会不会因为员工现在很努力但他家境很困难，于是你给他一些奖励和其他帮助？工资还是那么多，而你是以个人的名义去帮助他。说得具体一些，根据企业制度，他做了多少事情就领多少钱，你无须破坏公司的制度，可是他家里确实经济困难，你作为领导是从另外一个角度帮他，他从心里更容易接受，也更易产生知遇之感。

接下来，管仲说：“我曾经帮鲍叔牙做事情，可是越帮越忙，鲍叔牙却不认为我蠢，而是觉得条件不顺而已。我曾经多次去当官，每一次都被免了职，可是鲍叔牙不认为我无能，觉得只是时机不好。”

管仲又说：“我曾经多次上战场，但是每次都当了逃兵，鲍叔牙不认为我怯懦，而是知道我家里有老母亲需要赡养。”

各位，当一个对你来说很重要的人把你所有的缺点都说成优点的时候，你会觉得不做一个好人都对不起自己，起码在他

面前要做一个好人对不对？那个人接受你的所有缺点，并且把你的缺点都解释成优点，你做的每一件事情，他都帮你找了一个正面的意图和正当的理由，请问你会感动吗？你对他人能做到这一点吗？你自己背后有一个人这样对你吗？至少有三个人可以，那就是你的父母和你的另一半。怎么去做，我们可以好好想想。

再来看，管仲接着对齐桓公说："公子纠和您争位失败了，作为他的谋臣，召忽自杀谢罪，可是我宁愿被关到牢房里忍受着世人的唾骂。鲍叔牙并不觉得我无耻，说我不为愚忠，而是留取有用之身为辅佐您这样的明君而创立功业。"管仲最后说："生我者父母，知我者鲍子也。"

总结来看，无论对君子还是小人，亲人还是仇人，在用人上都可以总结为四个字：知短用长。要知道他们的长处和短处分别在哪里，在用人时尽可能地发扬他们的长处，避免他们的短处。

管仲谈鲍叔牙

为鲍叔谋事而更穷困，鲍叔不以我为愚，知时有利不利也

三仕三见逐于君，鲍叔不以我为不肖，知我不遇时

三战三走，鲍叔不以我怯，知我有老母也

幽囚受辱，鲍叔不以我为无耻，知我不羞小节而耻功名不显于天下也

你做的每一件事情，他都帮你找了一个正面的意图和正当的理由，请问你会感动吗？

知人之术：管仲病榻论相

在这里有许多内容可以展开，比如：鲍叔牙觉得管仲到底哪里比自己强；鲍叔牙、管仲和召忽他们各自秉持的是什么事君原则（对企业而言，就是指高管对老板的根本性看法。现在流行一种测试方法，比如我给某企业的五名高管一起上课，我会给企业老板一个指引让他旁观，上完课之后我就能告诉他这五个人对公司、对老板的价值观是怎样的。测试中无关忠诚度，只讲价值观）；管仲做了什么事情成就齐桓公春秋五霸之首的地位；管仲提醒齐桓公哪些人不能用；齐桓公凡事问管仲给我们怎样的启示；等等。前面三个方面的内容我们不讲，在此只谈其后两个方面的内容，这些内容将围绕领导和下属这对概念展开。

因为有了《三国演义》，刘备对诸葛亮的白帝托孤知名度非常高，然而许多人并不知道，早在春秋时期，齐桓公与管仲的病榻论相足可以与白帝托孤媲美。上面提到，在管仲生病就要去世的时候，齐桓公去看望他，在病榻前询问谁可以接国相的班。那么管仲是怎么回答的呢？

知臣莫若君

作为一名大政治家，管仲回答得很聪明，他说："知臣莫若君。"就是说作为国君，你对自己的臣子比我更了解，更清楚。这是 C 型特质下属向 I 型特质领导教科书式的回答。这句话要分开来看：第一，齐桓公是否真的比管仲更了解其他齐国大臣？很可能不是。下面我们还要讲，在管仲死后，齐桓公对鲍叔牙的任用是出了问题的，对易牙、竖刁和开方的任用更是导致了灾难性的后果。第二，这确实提醒了各位一件事情：作为领导者，你应该比任何人更加了解你的下属，尤其是直属高管。我经常提醒企业家说，你和你的直属高管，一个星期中有没有抽出至少 15 分钟时间来做单独的面对面沟通？开会不算，这 15 分钟不是因为你有什么事才把下属找过来，而纯粹是为了沟通，聊聊家常，培养默契，建立信任感，知道彼此需求，仅此而已。你有没有做这件事情？如果没有做到，那么你怎么保证与直属高管之间沟通的质量和品质？这是立马就可以做的，请拿起电话，或发短信、微信约一下就行。

> “你和你的直属高管，一个星期中有没有抽出至少 15 分钟时间来做单独的面对面的沟通？”

管仲说“知臣莫若君”，这对现代社会的企业家提出了要求。作为老板，一定要清楚了解自己的下属尤其是直属高管，因为即使左右的人能够给你提供信息和建议，但是他的立场和角度很难与你一致，对这些意见你要多听，因为“兼听则明，偏听则暗”，但更重要的是你要相信自己的眼睛，根据亲身的了解和判断来拍板作决定，因为承担最后结果的是你自己。

《史记·齐太公世家》

“管仲病，桓公问曰：‘群臣谁可相者？’管仲曰：‘知臣莫若君。’”

宁戚饭牛

我们回到管仲和齐桓公的对话。君臣二人先是为刚刚去世的宁戚感伤了一番，认为这是一个很好的国相候选人，不想已经先走了。宁戚又称甯戚，也是辅佐齐桓公成就霸业的重要人物，他为我们留下了一个著名典故，叫宁戚饭牛。这个典故也鲜明地说明了齐桓公的用人之道。

据《吕氏春秋》记载，宁戚想向齐桓公谋求官职，但处境穷困，没有办法使自己得到举荐，于是就替商人赶着装载货物的车来到齐国，晚上露宿在城门外。齐桓公到郊外迎接客人，夜里打开了城门，让路上的货车避开。当时火把很明亮，跟随的人很多。宁戚在车下喂牛，远远看到了齐桓公，但却无法接近，不禁为自己的怀才不遇而悲伤，就拍着牛角大声唱起歌来。齐桓公听到歌声后，拉起车夫的手指着说：“快看！那个唱歌的不是个平常人。”就命人将宁戚带了回去，在接见以后非常高兴，认为宁戚是难得的贤才，立刻就准备重用他。宁戚的 D 型特质很高，I 型特质也不低，遇到了同样 I、D 型特质双高的齐桓公，这样的事情可以理解。

大臣们劝谏说：“宁戚是卫国人，离我们齐国只有 500 里路，不是很远，不如派人打听一下他的情况，如果他确实是个贤能的人，再重用他也不晚。”齐桓公说：“这不好。打听他的情况，无非担心他有什么不足的地方。由于一些小小的不足而不用他的大优点，这就是君主往往错失天下人才的原因啊。况且一个人很难十全十美，理政治民只用他的长处即可。”

金无足赤，人无完人。齐桓公显然明白这个道理，他对人才不求全责备，不因小恶而亡人之大美，待人以宽，得管仲如此，得宁戚也是如此。正因为他能宽以待人，才能够网罗天下贤才，成就“春秋五霸”之首的伟业。

《吕氏春秋·举难》

宁戚欲干齐桓公，穷困无以进，于是为商旅，赁车以适齐，暮宿于郭门之外。桓公郊迎客，夜开门，辟赁车者执火甚盛从者甚众，宁戚饭牛于车下，望桓公而悲，击牛角，疾商歌。桓公闻之，执其仆之手曰：“异哉！此歌者非常人也。”命后车载之。桓公反至，从者以请。桓公曰：“赐之衣冠，将见之。”

宁戚见，说桓公以合境内。明日复见，说桓公以为天下，桓公大说，将任之。群臣争之曰：“客卫人，去齐五百里，不远，不若使人问之，固贤人也，任之未晚也。”桓公曰：“不然，问之，恐有小恶，以其小恶，忘人之大美，此人主所以失天下之士也。且人固难全，权用其长者。”遂举，大用之，而授之以为卿。

易牙烹子

在宁戚之后，齐桓公和管仲讨论了鲍叔牙和隰朋。管仲不顾情面，直接否决了鲍叔牙做继任者；他认为隰朋很合适，但预言隰朋也将不久于人世。然后齐桓公问到了易牙。易牙厨师出身，烹饪技艺很高，他是我国历史上第一个开私人饭馆的人，被厨师们称作祖师。

易牙是齐桓公最宠信的人，那他有什么过人之处呢？一天，易牙问齐桓公喜欢吃什么，齐桓公开玩笑地说："我已经尝遍了天下的美味，就是人肉还没有吃过。"意思是说拣你拿手的上就行，不用再问了。但是否就这个意思呢，老大没明说，就要靠自己领会了。易牙的脑筋立刻转上了，老大说没吃过人肉，那一定是想吃，但国君的地位何等尊贵，肯定不能吃死囚和平民的肉。怎么办？一路琢磨着回到了家，正巧看到了自己4岁的儿子，于是眼前一亮，目现凶光。在随后的在一次午膳上，齐桓公喝到了一小金鼎从未尝过的肉汤，真是鲜嫩无比，便询问易牙："此系何肉？"易牙哭着说是自己儿子的肉，为祈国君身体安泰无虞，于是杀子以献。当桓公得知这是易牙儿子的肉时，内心很不舒服，但也被易牙杀子为自己食的行为所感动，认为易牙爱他胜过亲骨肉，从此极其宠信易牙。

从齐桓公的角度来讲，能不感动吗？别说烹子食肉了，公司没了打印机，立刻有员工把家里的打印机搬到公司，这样的员工是不是好员工？我这里不说答案，因为情境不同，人性也是很复杂的，我们不能一概而论。我在这里只提一个概念：现象只是现象，结果才是领导者更应关注的。现象只是一个因，员工会怎么做只是一个因，而你怎么去应对这个因，叫作缘，之后才会有果。最后齐桓公没有得到他要的果，正是因为缘的部分没有做好。我们今天谈的用人智慧，谈的领导艺术，是因和果的中间应该怎么处理的智慧和艺术。

竖刁自宫

竖刁也是齐桓公非常宠信的人，在当时男子不能自由出入君主的后宫，为了方便侍候齐桓公，竖刁不惜自宫，进入宫廷陪伴他。这样的人好不好？很多人说不好，因为做太监太恶心了。如果你的公司有个员工，上进心非常强，每天都在积极表现，他告诉你说，要是工作没做好一分钱都不拿，要是做好了让你随便给就行。有这样的员工好不好？我同样不说答案，还是那句话：现象只是现象，结果才是领导者更应关注的。当公司有这样的员工时你要更加警醒，一旦处理不好，就会导致很意外的后果。

> “现象只是现象，结果才是领导者更应关注的。现象只是一个因，员工会这样做只是一个因，而你怎么去应对这个因，叫作缘，之后才会有果。”

穿插一个故事：子路和子贡都是孔子的弟子。子路有一天救了一个落水的人，那人杀了一头牛来感谢他。子路很畅快地享用了，没有觉得不好意思。子贡比较有钱，他到齐国，看到有人在卖一个鲁国奴隶，就把他买了下来带回鲁国。当时鲁国有一条法律，鲁国人在国外沦为奴隶，如果有人能把他们赎出来，那么赎金由国家来出，赎买的人还能得到一定奖励。可是子贡说不要，反正我很有钱，首先赎买奴隶的钱我自己出，其次我不要奖励，我是老师的好学生，本来就应该给世人做表率。子路和子贡，你更欣赏哪一个？对一些企业家的常规操作来说，子贡式的员工一定更受欢迎，弄不好就会被公司树立成标杆，号召全体员工向他学习。

我们来看孔子怎么讲。孔子认为子路做得很对，并且狠狠地批评了子贡。逻辑很简单：为什么要赞扬子路？因为他为世人做了一个垂范，即救了人有牛肉可以享用，所以大家以后看到有人落难一定会积极营救。为什么要批评子贡？也因为他为世人做了一个垂范，但这个垂范普通人很难实现，所以不是一个好的垂范。奴隶获救，救人者既被人称赞，也能得到应得的酬劳。现在子贡把它打破了，日后人们赎回奴隶，若领取赏金，可能会受到别人的嘲笑，被视为贪财之人。若不领取赏金，虽然会得到称赞，却会白白蒙受金钱的损失，鲁国富人少，平民多，平民是难以承担这些损失的。救了奴隶后，要么被人嘲笑，要么自己蒙受损失，长此下去，大家恐怕都会故意对受苦的奴隶视而不见，谁愿意再去救人呢？

《吕氏春秋·先识览·察微篇》

鲁国之法，鲁人为人臣妾于诸侯，有能赎之者，取其金于府。子贡赎鲁人于诸侯，来而让，不取其金。孔子曰："赐失之矣。自今以往，鲁人不赎人矣。取其金则无损于行，不取其金则不复赎人矣。"

子路拯溺者，其人拜之以牛，子路受之。孔子曰："鲁人必拯溺者矣。"孔子见之以细，观化远也。

这对领导者有什么启示？第一，做任何事情，尤其是涉及重大利益的时候，一定不可以违背基本的人性。一个连基本的人性都能舍弃的人，如果不是神智有问题，那一定所图甚大，会大到让你无法满足的地步。第二，任何一家企业都必然有能人和庸人，你用能人的标准去要求庸人，庸人就没有办法待下去；你用君子的标准去要求小人，小人就在后面给你来一下。竖刁是不是能人我们不知道，但他一定是个小人。当他的欲望大到连齐桓公都无法满足的时候，噬主就成了他唯一的选择。

开方弃家

再来看齐桓公另一个宠信的人，开方。他本来是卫国的太子，一个中等国家排名第一的君位继承人，但由于齐国势大，他就舍弃了自己的国家，背弃父母来侍奉齐桓公。

为了工作，牺牲了肝，牺牲了胃，牺牲了心、肾、肺，整天以司为家，任劳任怨，你们公司有没有这样的人？那么这样的人好不好？请注意，我还是要讲，这只是一种现象，我们不会武断地说好还是不好。你仔细想想，有没有人也是这样的？大禹治水时就是这样的，可大禹是圣人，普通人做出圣人的行为，你就要思考为什么了。开方放弃了太子之位不要，有父母双亲不见，就是为了侍奉齐桓公，而且端茶倒水从不抱怨，那么你就要问他到底图什么，而且一定要针对他的情况进行有效处理。如果在齐国当一个副相比他在卫国当太子的社会地位和俸禄更高，那么开方的这种行为在某种程度上还可以理解。可是如果处理不当，非常人做非常事，这样的人做起恶来就会是大恶，造成的危害会很可怕。

> “一般人做出圣人的行为，你就要思考为什么了。”

鲍叔牙不可为政

回过头来说鲍叔牙和隰朋。管仲直接讲：“鲍叔牙是个君子，但就因为他是个君子，所以不能继任国相。”管仲接着解释说，这是因为鲍叔牙为人善恶过于分明。爱护良善是好的，然而对于别人缺点或错误的憎恶能达到非常严重的程度，有谁受得了呢？鲍叔牙见到他人的一点缺点或错误，终生都记得，这是他为国执政最大的缺陷。

有人就说了，鲍叔牙难道不知道管仲是个小人吗？为什么他俩关系还那么好？要说鲍叔牙不知道管仲是个小人，估计没人相信，可就因为他和鲍叔牙的关系好，而且因为管仲是个假小人，所以反而成就了管鲍之交的佳话。真君子与假小人相处没有问题，可当真君子遇到真小人就会很难受。孟子说过，“君子可欺之以方”，意思是说，君子因为行事方正，就难免受到小人的欺侮。鲍叔牙面对易牙、竖刁和开方这样的真小人完全没有办法：对他们疾言厉色，人家表面上诚惶诚恐，可心里根本不怕，因为有齐桓公撑腰，回头还可能在齐桓公面前告你个不是；索性不管不问，甚至辞职不干，那正好称了这三个人的意，让他们越发得意猖狂。

管仲认为，隰朋是继任国相的最佳人选。他给予隰朋高度评价：眼光远大而能虚心下问。对于国政该不管的不管，对于家事不必知的不知，举重而若轻，这只有隰朋能够做到。而且隰朋在家不忘公务，在公门不忘家事；侍君无二心，也不忘自身；用齐国的货币救济过路的难民，受惠者却不知道是他做的。隰朋是大仁大德之人，他能够根据变化的形势与百姓共荣辱，然后能使国家长治久安。

也许是管仲言犹在耳，在他去世后齐桓公任命了隰朋为国相。隰朋在相位上没有多大作为，因为执政的时间太短，管仲病逝

10 个月后他就去世了。所以作为领导者，有一副健康的身体是非常重要的。

隰朋死后，齐桓公只好用鲍叔牙为相，很快齐桓公就感觉到自己的牙很疼，头也很大。用鲍叔牙的挑战就是他当了国相之后把 S 型特质转变为 D 型特质了，变得和唐代的魏征同一个类型。D、S 型特质双高的人内心很矛盾，外在很固执，往往有道德洁癖，具体表现就是原则性太强，时刻保持直言进谏的状态，让君主在操守和行为上保持最高水准。可 I 型特质的齐桓公偏偏就喜欢与易牙、竖刁和开方这样的小人亲近，他还不像善于纳谏的唐太宗，有一个贤良的长孙皇后经常帮助纾解；又不像传说中的乾隆皇帝，可以在身边同时放一个和珅和一个刘罗锅，没事儿就瞧着他俩斗，自己坐那儿乐。然而还没等齐桓公受不了，鲍叔牙就先受不了了。对于管仲，不能容忍这些小人，他会怎么办？他自有手腕治他们，让他们有所收敛，不敢过于胡作非为。但在鲍叔牙这里行不通，他不屑于用手腕，而寄希望于齐桓公远离他们，但这显然不现实，小人越发肆无忌惮，最后甚至让鲍叔牙自身难保。斗不过你们我就走，鲍叔牙就是这暴脾气。这正是管仲要求齐桓公不要用鲍叔牙的原因，用了隰朋，他至少不会走，因为他有时候会假装看不到。这样的话，国家至少有人可用，只要可用之人在，国家再坏也坏不到哪里去，但可用之人全走了，那就只能用真正的小人，社稷离倾覆也就不远了。

> “只要可用之人在，国家再坏也坏不到哪里去，但可用之人全走了，那就只能用真正的小人，社稷离倾覆也就不远了。”

齐桓公刚开始还听从管仲的建议，将易牙、竖刁、开方三人驱逐出去。

但三年后，又把他们召回身边。齐桓公的说法是，这三个人不在身边，他连吃饭都没滋味了。

有人也许会说，上面不是说了吗，对于小人，不但不能疏远他，而且要让他更近一些，齐桓公把这三个人召回来完全没有错啊。但是没注意到后面还有一句话：要懂得有效管理小人（即治小人）。管仲在时，任易牙他们怎么扑腾也翻不起多大浪花，而当管仲不在，小人失去了约束，再加上齐桓公年老，雄心不再，一心贪图享受，既无能力治小人，又做不到远小人，结果可想而知。

大家知道齐桓公的结局有多惨吗？人老了容易生病，在齐桓公病重之后，那三个人不照顾他不说，还封闭宫门不给他饭吃，把齐桓公活活饿死。易牙、竖刁、开方在这期间干了什么大事呢？他们带着党羽把太子赶走了，各公子争位，齐国大乱。齐桓公的尸体在床上放了 67 天，尸虫都从窗子里爬了出来，全天下最惨的死法莫过于此啊！而且他死的时候用衣袖遮着脸，因为觉得没脸见列祖列宗，没脸见管仲。

管仲告诫他不要用那三个人，他为什么要用？齐桓公只是违背了一件原则，就是没有做到我们上面说的亲人知短。易牙三人对齐桓公来讲无疑是亲人，但他偏偏把他们用在了不该用的地方，让他们参与国政。齐桓公死得惨是自己造成的，有管仲在，齐桓公一切都好，为什么？很简单，凡事问管仲。管仲走了，又没有接班人，无人可用了，齐桓公身死国乱。

一些民营企业家经营公司，何尝不是如此呢？兄弟姐妹好不容易一起来的，不是说兄弟姐妹一定不好，但有些人明明不合适，你是眼睁睁看着他把公司毁掉的，你还说算了，大家是兄弟，反正公司是大家的，毁掉就毁掉吧。

《东周列国志》第二十九回

是冬，管仲病，桓公亲往问之。见其瘠甚，乃执其手曰："仲父之疾甚矣。不幸而不起，寡人将委政于何人？"

时宁戚、宾须无先后俱卒。管仲叹曰："惜哉乎，宁戚也！"桓公曰："宁戚之外，岂无人乎？吾欲任鲍叔牙，何如？"仲对曰："鲍叔牙，君子也。虽然，不可以为政。其人善恶过于分明。夫好善可也，恶恶已甚，人谁堪之？鲍叔牙见人之一恶，终身不忘，是其短也。"

桓公曰："隰朋何如？"仲对曰："庶乎可矣。隰朋不耻下问，居其家不忘公门。"言毕，喟然叹曰："天生隰朋，以为夷吾舌也。身死，舌安得独存？恐君之用隰朋不能久耳！"

桓公曰："然则易牙何如？"仲对曰："君即不问，臣亦将言之。彼易牙、竖刁、开方三人，必不可近也！"桓公曰："易牙烹其子，以适寡人之口，是爱寡人胜于爱子，尚可疑耶？"仲对曰："人情莫爱于子。其子且忍之，何有于君？"

桓公曰："竖刁自宫以事寡人，是爱寡人胜于爱身，尚可疑耶？"仲对曰："人情莫重于身。其身且忍之，何有于君？"

桓公曰："卫公子开方，去其千乘之太子，而臣于寡人，以寡人之爱幸之也。父母死不奔丧，是爱寡人胜于父母，无可疑矣。"仲对曰："人情莫亲于父母。其父母且忍之，又何有于君？且千乘之封，人之大欲也。弃千乘而就君，其所望有过于千乘者矣。君必去之勿近，近必乱国！"

桓公曰："此三人者，事寡人久矣。仲父平日何不闻一言乎？"仲对曰："臣之不言，将以适君之意也。譬之于水，臣为之堤防焉，勿令泛滥。今堤防去矣，将有横流之患，君必远之！"

领导者必须具备的两种能力

从上面的故事中可以看出，领导者必须具备以下两种能力，如此才有机会知人善任，或者有机会被更上层的领导“知人善任”：第一种能力是影响力。影响力是指用他人乐于接受的方式，改变他人的思想和行动的能力。为了形成影响力，领导者一定要发挥自己特质的优势，D 型特质比较强就要发挥 D 型特质的优势，比如宁戚，同时他的 I 型特质也不低；I 型特质比较强就要发挥 I 型特质的优势，比如齐桓公，同时他的 D 型特质也不低；S 型特质比较强就要发挥 S 型特质的优势，比如鲍叔牙，同时他的 D 型特质也不低；C 型特质比较强就要发挥 C 型特质的优势，比如管仲，同时他的 D 型特质也不低。不要没有特点，更不要弃长就短。第二种能力更重要，叫整合力。这里的整合力主要是指资源尤其是人力资源整合力。整合力形成的前提是看别人都要顺眼，看别人不顺眼就是领导者的修为不够。鲍叔牙看管仲顺不顺眼？遇到了对的人，怎么看怎么顺眼。

领导者必须具备的两种能力

影响力

一定要发挥自己特质的优势

广种善因

整合力

整合力形成的前提是看别人都要顺眼

广结善缘

我们没有鲍叔牙在身边，我们就要做自己的鲍叔牙。当然整合力更强的还是盛年时期的齐桓公。作为企业领导者，要更多地向管仲和鲍叔牙学习知人之术，向齐桓公学习用人之道。

领导者用人三原则

要人尽其才

晋国派一名使者去觐见齐桓公，负责接待的官员向齐桓公请示接待的规格。齐桓公只说了一句话："把这事情告诉仲父（指管仲）去。"意思说找管仲就行了，别来找我。接着，又来一位官员向齐桓公请示政务，他还是那句话，并且一连来了几个人都是这样。齐桓公的近臣说："第一次请示，说让去找仲父；第二次请示，又说让去找仲父。这样看来，当君主太容易啦！"齐桓公说："我没有得到仲父时很难，已经得到仲父之后，为什么要让自己还难呢？"

领导者用人三原则

要人尽其才

领导和下属要各自做好自己的事

用力不如用人

领导不要做下属的事

要培养人才

下属不要做领导的事

齐桓公的话展开来说就是："像你这样的小人物懂什么呢？当君主的辛辛苦苦网罗人才，就是为了运用人才。如果忘了这一点，凡事都由君主一个人亲自去做，一则不可能做得了，二则糟蹋了苦心找来的人才。我花那么多心血寻找人才，才让管仲当我的臣下，既然把政事交付给他处理，齐国安泰，我就不应该随便插手。"这是 I、D 型特质双高的齐桓公的领导作风，凡事问管仲，大家从中能得到什么启示呢？

《吕氏春秋·审分览》

有司请事於齐桓公，桓公曰："以告仲父。"有司又请，公曰："告仲父。"若是三。习者曰："一则仲父，二则仲父，易哉为君！"桓公曰："吾未得仲父则难，已得仲父之后，曷为其不易也？"

用力不如用人

作为一个领导者，必须要学会用人，而且是把人用好，因为用力不如用人。

穿插一个故事：孔子有两个学生，分别叫宓子贱和巫马期，他们先后担任单父这个地方的行政长官。宓子贱走出官署的时间不多，整天弹琴，显得非常悠闲。尽管如此，单父却社会安定，秩序井然，古人赞之为"鸣琴而治"。后来巫马期接任，他为了证明自己比宓子贱干得更好，每天早上天还没亮就出门办公，晚上要忙到星星遍布才回家，大事小事无不亲自处理，可以说饭也吃不香，觉也睡不好，但即便如此，也不过将将达到宓子贱治理单父时的水平。

后来巫马期向宓子贱请教，宓子贱说：“我只是集中了大家的力量来帮我一起管理单父，依靠贤人的能力当然能让我很轻松自在；而你是什么事都自己亲力亲为，只靠自己的力量来治理单父，这样你肯定很累、很辛苦。”

我们接着来看齐桓公与管仲的故事，齐桓公凡事问管仲，这些事他真的解决不了吗？他为什么要把这些事情都交给管仲呢？一方面，这体现了齐桓公对人才的尊重、对国相这个职位的尊重以及对管仲这个人的尊重；另一方面，齐桓公肯定在想，我好不容易找到了你这个人才，给了你这么重要的位置和这么高的俸禄，这些事情都是在你国相职责范围内的，当然都该你来做。这也是I型领导经常表现出来的风格。于是有人会问，那齐桓公到底做什么啊？答案是，做国君该做的，国相做不了的。比如国家的大政方针，军事、外交的重大决策等，管仲都需要向齐桓公请示汇报。

领导不要做下属的事情。你是一个领导者，很厉害（许多领导者都觉得自己无所不能），冲锋陷阵，亲自冲杀到最前面，要是得胜回来，所有员工都鼓掌，哇，领导真厉害，领导英勇。要是大败而归，最惨的情况是，你还没回来员工就四散而走了；好一点的情况是，员工在那里等着你，拍拍你的肩膀说，老板，没有关系，下次再来，我们给你加油。你琢磨一下这个事情，你是领导还是员工是领导？拍你肩膀的员工是领导，你用力，他用人。

管理学上讲，别让下属的猴子跳到你的肩膀上。因此，我们鼓励领导者常做选择题和判断题，不要轻易做问答题。什么是问答题？两手一摊，“老板，怎么办？”什么是选择题和判

> “管理学上讲，别让下属的猴子跳到你的肩膀上。因此，我们鼓励领导者常做选择题和判断题，不要轻易做问答题。”

断题？让下属先有自己的思考和判断，然后提交相应的方案，领导在下属提交的方案的基础上进行判断和处理。做选择题显然更容易，而且可以让下属发挥他的主观能动性，这是非常重要的。领导做选择题和判断题，那么最后谁要为这件事情负责？必然是下属，为什么？因为方案是他提出的，他参与了，参与产生责任感。如果什么事情都是领导让下属做的，小张做 A，小张做 B，要是做错了，下属可能会说那是领导教错的。这只是一方面，更重要的地方在于，会使得下属既没有参与感，也没有成就感，因为做对了都是谁对的？领导。因此，作为领导者要学会用人，而不是用力。

要培养人才

作为“春秋五霸”之首，齐桓公在早期无疑是一位非常成功的领导者。他的成功之道关键在于鲍叔牙向他推荐了管仲，而“管仲能识人，桓公能任贤“（语出刘向《新序》）”，因此任用了大批人才。助推齐桓公成就霸业的，除了管仲、鲍叔牙，还有史上留名的桓管五杰：隰朋掌管外交；宁戚掌管农业生产；王子城父统帅军队；宾胥无掌管司法刑律；东郭牙掌管监察谏议。但是齐桓公的结局很凄惨，那么他失败在哪里？除了年老昏庸的因素外，最大的原因是没有培养出人才，或者说，没有建立起人才梯队。如果有一个类似管仲的人来接替管仲（隰朋不算，他和管仲是同一梯队的），就没有问题，但是这个人能不能由管仲培养出来？很难。即使那个人有管仲的潜质，管仲要把他带出来，成长到自己的高度，也是很不容易的，而且是犯忌讳的，因为齐国毕竟不是管仲家的，你为自己培养一个国相的接班人是要干什么？培养直接下属是领导者必须亲自做的事情，否则到人才库没人可用的时候，你才知道有多痛：自己亲自跳下去，你就等着累死；用错了人，你就等着后悔死。

在国际金融风暴爆发后不久，当时的美国花旗银行副总裁柯林斯在参加一个论坛时说：“风暴之中，你唯一可以仰仗的就只有你自己。”在所有的经济学家都在说现金为王，方向不明的时候要谨慎投资的时候，柯林斯讲出来一句话：“你什么都能买到，但有一件东西事后买不到，叫人才的投资。”没有人才，企业就没有未来；没有人才，国家都将倾覆。

> “培养直接下属是领导者必须亲自做的事情，否则到人才库没人可用的时候，你才知道有多痛：自己亲自跳下去，你就等着累死；用错了人，你就等着后悔死。”

模块十四

领导力与家庭和谐：我与太太的相处之道

DISC 平衡工作与家庭

DISC 不仅可以在工作上给人以很大的帮助，在家庭中也能带来很大的提升。经常有人问我：“李老师，DISC 确实很好，在公司团队里的运用我是知道的，可是一回到家里，看到另一半还是那个样子，就是不知道应该怎么办。您有什么好办法吗？”家庭关系和工作关系有许多相通的地方，如果你真的有很娴熟的技巧，可以把公司团队的关系处理得很好，那么相信你一定有非常不错的人际敏感度，家庭关系也一定可以幸福美满。

要谈家庭案例的话，说任何别人都不好使，最好是说自己，那么我来谈谈我家里的情况。请看这张照片，从右到左依次是我、我的太太、她的外婆（也是我的外婆）和我的妈妈（也是她的妈妈）。从照片中我的姿势可以看出我在家里的地位。我属于那种被按着还要在那里笑的人。

如果挑选两种特质出来，不知道大家觉得哪两种特质的另一半比较难相处？无疑是 D 和 C。因为 I 和 S 比较关注人，这样的人相处起来比较容易。D 和 C 不容易相处的另外一个重要原因是，家庭关系里的 D 型特质和 C 型特质往往是相伴而生的，有 D 型特质就会有 C 型特质，有 C 型特质就会有 D 型特质。在公司里面 D 型特质和 C 型特质是分得很清楚的，公司里面的 D 型特质是这样：要你做，你不做，我收拾你。公司里面的 C 型特质是这样：要你做，你不做，那么你做你的，我做我的。而家里的情况是：我 D 型特质很高，那么我每一件事情都要做决定，所以你下意识地就会觉得我 C 型特质也很高；或者我 C 型特质很高，因为我们两个是一体的，所以不会讲客气，因此你就会感到我 D 型特质也很高。

“家庭关系里的 D 型特质和 C 型特质往往是相伴而生的，有 D 型特质就会有 C 型特质，有 C 型特质就会有 D 型特质。”

我与太太的相处之道

改变世界太难，不如学会调整自己

我太太很有趣，她是一个 C 型特质高达 95% 的人，就是高到要破表的那种。举两个生活中的例子。第一个例子，我家客厅有条长沙发，如果没有沐浴只能坐在沙发的右边，沐浴完了换好衣服才能坐在沙发的左边。沙发有条无形的分界线，请问你家的沙发会这样吗？第二个例子，一次我和她在小区散步，太太摔了一跤，我马上去扶她。我扶她的时候她拿出纸巾，本以为她要擦手，但她却没有，而是吸了一下旁边的水。我一下子愣住了，我说你摔倒，你不擦手你去吸水干吗。我太太这样讲："我起来之前不知道自己有没有受伤，要是受了伤我就要去医院检查。要是去医院检查发现需要动手术或有其他问题，我就去化验纸巾里面清洁剂的含碱浓度：要是过高，我就找物业索赔。"我太太不去当福尔摩斯，简直太浪费她的才华了。

> “在一个 C 型特质这么高的人生活在一起之后，渐渐地我就形成了一种理解她、接受她的能力。”

在和一个 C 型特质这么高的人生活在一起之后，逐渐地我就形成了一种理解她、接受她的能力。我们日常喝的不是桶装水，而是电热壶烧的水。喝这种水给人最大的挑战是在烧水的时候可能忘了拔插头。有一次我忘了拔插头，我太太直接说："李海峰，你不爱这个家！"我觉得很奇怪，没拔插头跟不爱这个家有什么关系？她的逻辑很有趣：没拔插头可能会引起水导电，有可能烧掉这个家，所以没拔插头就是不爱这个家。在明白了这个逻辑关系之后，我就开始懂了。

> "C 型特质很高的人很难接受别人给予的当面意见。"

老天是公平的，这一天让我发现她也没拔插头。请问大家，我要不要告诉她？要，那就是在作死的路上迈出了十分危险的一步。C 型特质很高的人很难接受别人给予的当面意见，我知道不能说，所以只能忍。忍了 4 个小时，还是没忍住，于是在客厅我对太太说："老婆，你有没有发现厨房有什么不一样？"够委婉的吧？我太太听完之后马上就反应过来了，对我凶巴巴地地讲了一句话："李海峰，你跟老婆计较，小气成这个样子，你算什么男人！"我没拔插头叫我不爱这个家，她没拔插头叫我不是男人，请问有这样的太太好不好？那要看谁的太太喽。

古代有一位国王，走在路上被割伤了脚，于是下令全国把牛都宰了，将牛皮铺在路上，脚踩到牛皮上就不会伤到脚。不过这有两个挑战：第一，牛皮放在路上风吹日晒，需要定期更换；第二，即使把全国的牛都宰了，也没有办法将地面铺满。一个聪明的臣子给国王提了一个建议：不要把牛皮铺在地上，而是切成一小块一小块的，裹在脚上做成皮鞋，这样就不会被割伤了。

改变世界太难，不如学会调整自己。你的太太、你的先生、

> “永远不要想着去改变对方，而要用对方接受的方式去产生影响。”

你的客户、你的同事、你的领导、你的下属，和你在很多时候并不处于一个轨道，永远不要想着改变对方，而要用对方接受的方式去产生影响。

我希望给大家建立的印象是，在听完我的家庭故事之后，你发现自己家里的那位其实也挺可爱的。我太太是高 C 型特质，有 C 型特质就会带 D 型特质，她的口头禅很简单，只要有什么事情就直接来一句：“李海峰，你怎么那么蠢呀！”太太骂你蠢，要不要和她争？争了才是真的蠢。我岳母有两次直接对她说：“张燕，你不能这样说你老公，在外面要给老公面子。”我太太听完，还是凶巴巴地说：“他就是蠢嘛。”好嘛，刚才只有几个同事听到，现在亲朋好友全都听到了。

如果要跟她争，我少科班毕业，初中、高中加起来四年，怎么说也和蠢不搭吧？我太太上的中山大学传媒系，她那一年高考成绩全系第一名，而我没有参加高考，保送上的大学，你要说我蠢，就是为了显示自己聪明吗？我太太是某公司高管，手下两千多人，而我的公司在大中华区有 20 多家分公司，似乎也不能说我蠢吧？

有没有必要为一个蠢问题去争两口子谁更蠢？完全没必要。你太太骂你蠢，你就真的会变蠢吗？不会，身为男人，必要有一颗强大的内心。她生气骂你蠢，骂完就消气了，消气了就不会去 shopping（购物）了嘛。

切记：争论谁更蠢是最没有意义的，即便被人骂蠢三千遍，也不要和人争论谁更蠢。和领导（头儿）争论谁更蠢，你就是蠢到了头；和爱人争论谁更蠢，你就是蠢到了家。推而演之，和任何人争论谁更蠢、谁更丑，那都会显得蠢相外露，丑态百出。

如果对自己的太太有了足够了解，就会知道怎么做。我总结了三招应对办法：第一招装傻，第二招装可怜，第三招装可爱。

> “**我总结了三招应对办法：**
> 第一装傻，
> 第二装可怜，
> 第三装可爱。”

装傻最简单。“李海峰你怎么这么蠢啊！”“我蠢了吗，我怎么不知道自己哪里蠢呢？”她就很生气，这个人已经蠢到不知道自己哪里蠢了，一生气就出去了，我于是一个人看电视，偷着乐。

装可怜最擅长。“李海峰你怎么这么蠢啊！”话音刚落，就轮到我的表演时刻了，叽里咕噜，噼里啪啦，把一大串如何辛苦，如何劳累，讲给她听，我太太说我最擅长使用这一招。各位，大家都在努力工作，谁不辛苦？讲实话，她如果爱你，你愿意和她分享你的感受，在这个时候她一定会包容你。

装可爱最有效，到现在我只用过一次，效果没得说，但是负面影响也很可怕，我被太太追杀了三个月。“李海峰你怎么这么蠢啊！”“对啊，就是因为蠢才会娶你呀！ Oh yeah！”

没有最好，只有最合适和最用心

请问有这样的太太好不好？这世界上没有最好，只有最合

“这世界上没有最好，只有最合 适， 最 用心。”

适和最用心。我现在每个月会有一周时间在家不出去，但之前365天中有340天在出差，不是在讲课，就是在讲课的路上。平均每个月只有一两天在家，我太太如果不是C、D，而是I、S，出门在外我能放心吗？正月初四我们结婚，正月初五我新加坡有项目。正月初四中午我们在江西办完婚礼，我从南昌机场飞到深圳，转晚上的航班飞往新加坡。等到晚上大家去闹洞房的时候，才发现新郎不在。我太太如果不是C、D，而是I、S，会允许这种事情发生吗？对许多人来说，买房是件很麻烦的事情，买房之后的装修更麻烦，我家从买房到装修，我没有花一分心力，全是我太太管的，她看过的合约，我还要再看一遍吗？

大家觉得我在家干不干家务？抱歉，我在家从来不干家务，因为每个星期有钟点工过来，重活、累活全部没有，家务只剩下两种：第一，擦地；第二，洗碗。你觉得我太太是放心我擦的地，还是放心我洗的碗？

所以对我来说，出门在外享尽好名声，因为所有的亲朋好友都在说：“张燕，你怎么找到一个脾气这么好的老公？”她要骂我，我从不反驳，内心强大嘛。同时在家里什么活都不干，每次她在干家务时我就说：“老婆，加油！”然后去看电视了。

请问有这样的太太好不好？可是不要忘了，要想享这个福，就得——有人说“就得吃这个苦”。什么叫“吃这个苦”？说这话的朋友觉悟真的不行，这个叫享受，展开来说就是经历从忍受到享受的过程。首先是忍受，然后有能力变成接受，最后才有能力变成享受。

> “首先是忍受，然后有能力变成接受，最后才有能力变成享受。”

我们要靠自己的能力，而不是运气来获得家庭的幸福。因为无论是家庭的经营还是公司的经营、团队的经营，都和谈恋爱是不一样的。谈恋爱靠的是运气，有些人运气不好，一辈子遇不到一个一见钟情的，当然有些人运气很好，一天遇到三个一见钟情的，可即使你一见钟情的人再多，你跟其中一个人走在了一起也要经营。谈恋爱可能靠运气，可是公司的经营、团队的经营、家庭的经营等，靠的一定是能力。

编者手记

如果说上篇和中篇分别偏重于领导力的“知人”和“善任”的理论阐释，那么本书的下篇则是领导力的具体运用，模块十一至模块十三分别从小到团队建设、中到企业发展、大到事业兴衰三个角度，通过游戏互动、经典案例和历史故事等形式，深入展现领导者知人善任的智慧和艺术。模块十四则又回归家庭生活，海峰老师通过自己的亲身经历，来说明领导者的眼中不应该仅仅是事业，更要用自己的特质来打造一个温暖的家庭港湾。

模块十一通过一个小实验和三个小故事来讲述领导力在团队建设中的应用。海峰老师让我们用一周的时间来分析自己的直接下属，然后将他们进行分类，并分析是否存在潜在的用人隐患。然后，海峰老师拿出了自己作为看家本领的用人点金术，用以化解测试到的潜在威胁。第一招，只要放对位置，庸人也能变能人。并通过讲述齐桓公与东野之人的故事、阿里巴巴小主管的故事，以及解析肯德基的用人案例，

模块十一	模块十二	模块十三	模块十四
一个小实验和三个小故事	携程四君子的故事	齐桓管鲍的故事	我与太太的相处之道
领导力与团队建设	领导力与企业发展	领导力与事业兴衰	领导力与家庭和谐

点出了企业选人用人的精髓：胜任工作，乐在其中。第二招，大家在一起多沟通，设身处地理解别人，让仇人变亲人。

模块十二通过携程四君子的故事来阐述领导力在企业发展中的应用。季琦创建了携程，梁建章引进了标准和流程，沈南鹏把携程做上市，范敏说自己愿意在携程待一辈子。这四个人的性格特征非常鲜明，各自都不一样，他们在企业发展的不同阶段让最适合的人和最适合的特质发挥了龙头作用。海峰老师总结指出：小人能不能变君子？以江湖的方式进去，以商人的方式出来。先君子，大家都是君子；后小人，我们没有小人。海峰老师指出，要在企业发展的每一个阶段找到最合适的人。

模块十三通过齐桓公、管仲和鲍叔牙的故事来阐述领导力在事业兴衰中的应用。海峰老师首先讲了管鲍之交和桓管之谊的由来，包括“管仲赚钱多分”“成事不足”“三战三走”“幽囚受辱”等经典故事。接着，海峰老师讲解了用人之道的精髓，

模块十一 领导力与团队建设
一个小实验和三个小故事

一个小实验	用一个星期时间观察 你的团队成员
三个小故事	齐恒公与东野之人 阿里巴巴小主管 肯德基新员工入职
用人点金术	只要放对位置，庸人也能变能人 设身处地理解别人，让仇人变亲人

即“知短用长”，并从“请君子，治小人”和“亲人知短，仇人用长”两个层面来阐述。然后，海峰老师通过“管仲病榻论相”的故事对知人之术进行了讲解，衍生出“知臣莫若君”“宁戚饭牛”“易牙烹子”“竖刁自宫”“开方弃家”“鲍叔牙不可为政”等经典故事。随后，海峰老师指出领导者必须具备两种能力，分别是影响力和整合力，即一定要发挥自己特质的优势，广种善因；一定要看别人都要顺眼，广结善缘。最后，海峰老师总结了领导者用人三原则：要人尽其才；用力不如用人；要培养人才。

在模块十四中，海峰老师亲自现身说法，谈到了自己是如何运用 DISC 来实现家庭和谐的。他通过 C 型特质太太的案例告诉我们，永远不要想要去改变对方，而要用对方接受的方式去影响他 / 她，没有最好，只有最合适和最用心。正如海峰老师之前提到的那样，家庭生活不仅要有忍受的态度，接受的广度，更要有享受的气度。

模块十二 领导力与企业发展 携程四君子的故事		
	携程四君子	在企业发展的不同阶段让最适合的人和最适合的特质发挥龙头作用
	用人点金术	先君子，大家都是君子；后小人，我们没有小人
	答企业家问	在企业发展的每一个阶段找到最合适的人

模块十三 领导力与事业兴衰 齐恒管鲍的故事		
	管鲍之交与桓管之谊	管仲赚钱多分、成事不足、三战三走、幽囚受辱
	用人之道：知短用长	请君子，治小人 亲人知短，仇人用长
	知人之术：管仲病榻论相	知臣莫若君、宁戚饭牛、易牙烹子、竖刁自宫、开方弃家、鲍叔牙不可为政
	领导者必须具备的两种能力	影响力、整合力
	领导者用人三原则	要人尽其才、用力不如用人、要培养人才

模块十四 领导力与家庭和谐 我与太太的相处之道	
	改变世界太难，不如学会调整自己
	没有最好，只有最合适和最用心

附录

知识结构手绘图

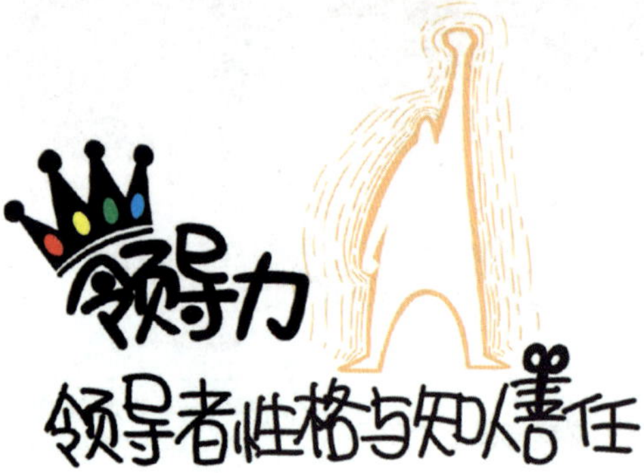

绘　　图：阿翔
微信公众号：优视觉

框架结构

上篇 领导力之知人

- 行为风格理论
- DISC的内核
- DISC的挑战与优势
- 防止优势成为劣势：蜀汉创业团队成败的启示
- 调整自己的性格特质：《西游记》取经团队的启示

中篇 领导力之善任

- 把人放对位置之一：团队管理
- 把人放对位置之二：选拔人才
- 把人放对位置之三：培训人才
- 团队有效互动技术之一：教练技术
- 团队有效互动技术之二：沟通技术

下篇 领导力之运用

- 领导力与团队建设：一个小实验和三个小故事
- 领导力与企业发展：携程四君子的故事
- 领导力与事业兴衰：齐桓管鲍的故事
- 领导力与家庭和谐：我与太太的相处之道

模块一 行为风格理论

从认识自己开始
你的行为会影响你和他人的情绪！
1.2.3~
WOOSH

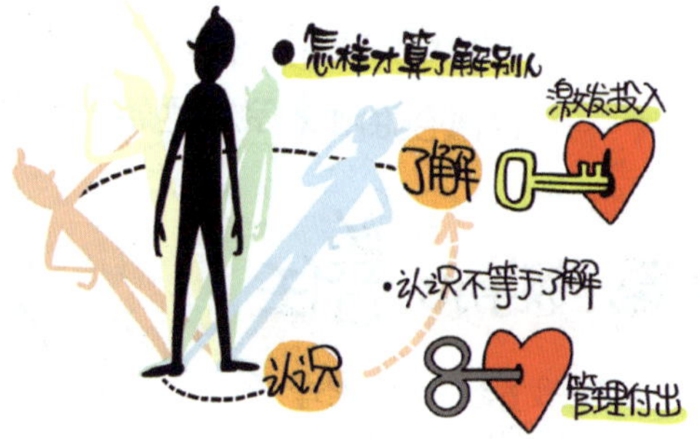
怎样才算了解别人
激发投入
了解
认识不等于了解
认识
管理付出

提升你的人际敏感度
D
I
S
C
管理
运用
识别

行为的倾向性
研究的科学性
研究行为风格的两个基础

模块二 DISC的内核

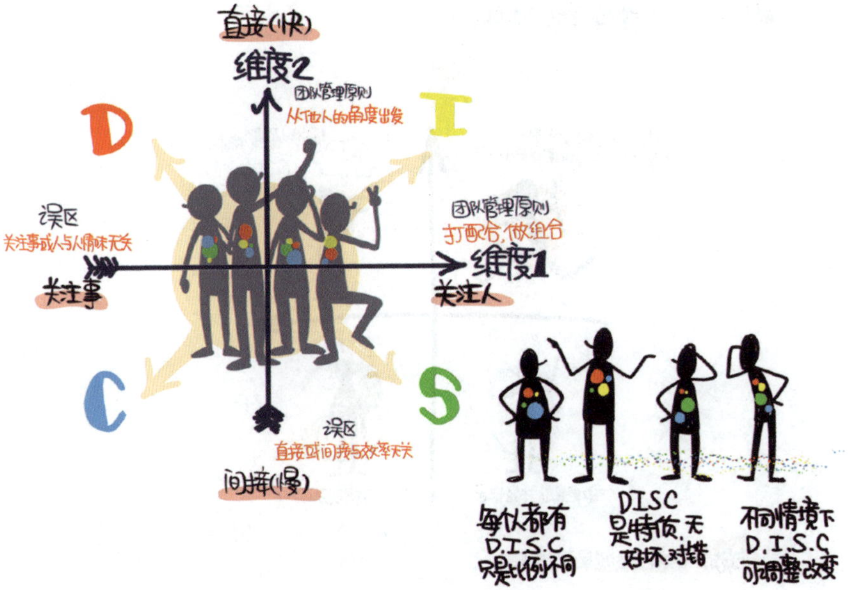
直接(快)
维度2
团队管理原则
从他人的角度出发
D
I
误区
关注事或人与人情味无关
关注事
团队管理原则
打配合,做组合
维度1
关注人
C
S
误区
直接或间接与效率无关
间接(慢)
每人都有 D.I.S.C 只是比例不同
DISC 是特质,无好坏,对错
不同情境下 D.I.S.C 可调整改变

指挥者
影响者
快
直接
D
I
目标坚定,使命必达
需要掌握状况
问题导向,自尊心极高
"人来疯"和"自来熟"
口才好,善于交际
风趣幽默
关注事
关注人
善分析,重思考
高标准完美主义者
讲究条理,追求卓越
善解人意,易被预测
不喜欢冲突,对人友善
避免矛盾,常说"随便"
间接
慢
C
S
思考者
支持者

模块三 DISC的挑战与优势

问题一 哪种特质的人最适合做领导？

4种特质的领导的挑战

问题二 哪种特质的人最适合做销售？

4种特质的销售人员的优势

误区：用单一的标准要求不同特质的员工

问题三 哪种特质的人最适合做行政？

答案是：都适合

模块四 防止优势成为劣势：蜀汉创业团队成败的启示

模块五 调整自己的性格特质：《西游记》取经团队的启示

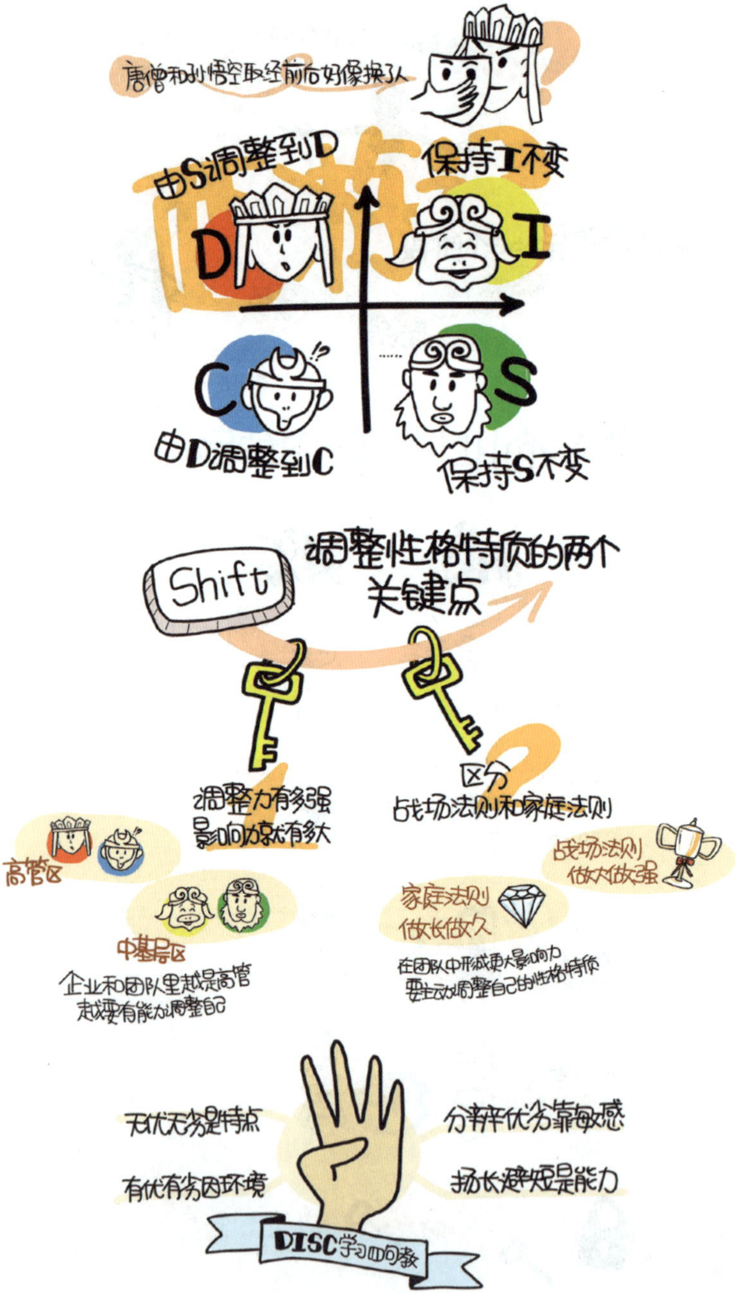

模块六 把人放对位置之一：团队管理

模块七 把人放对位置之二：选拔人才

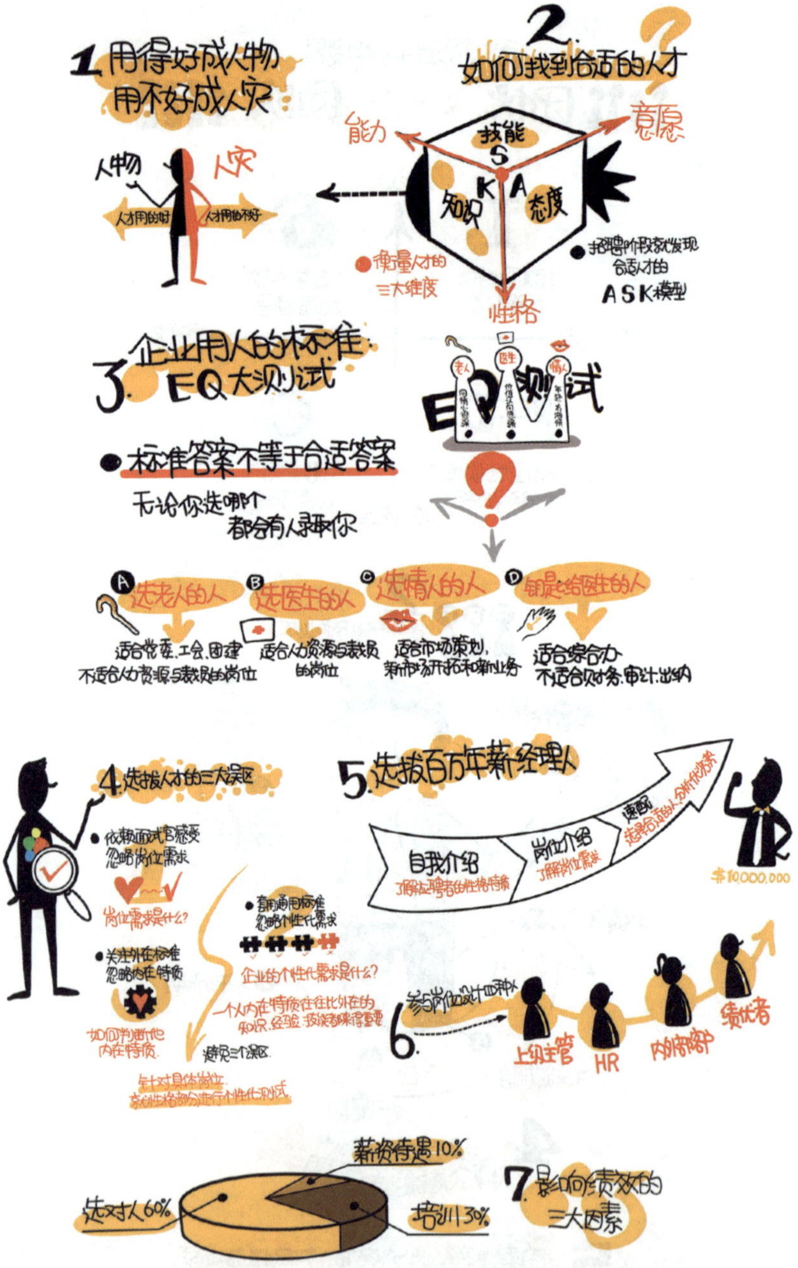

模块八　把人放对位置之三：培训人才

模块九 团队有效互动技术之一：教练技术
一个有效沟通工具
乔哈里资讯窗
自己知道
扩大你的公开区
隐藏区
公开区
他人不知道
他人知道
封闭区
盲区
自己不知道
通过互动，消减自己与他人的未知
有效教练三原则
COACH
要让学员负责 而不是替他负责
要关注学员想要的 而不要关注他不要的
让学员既要有意愿 又要有能力
认准一个目标 协助个人成长
组织里的个人成长
C S I D
自我认识
自我接受
自我呈现
自我实现

模块十 团队有效互动技术之二：沟通技术

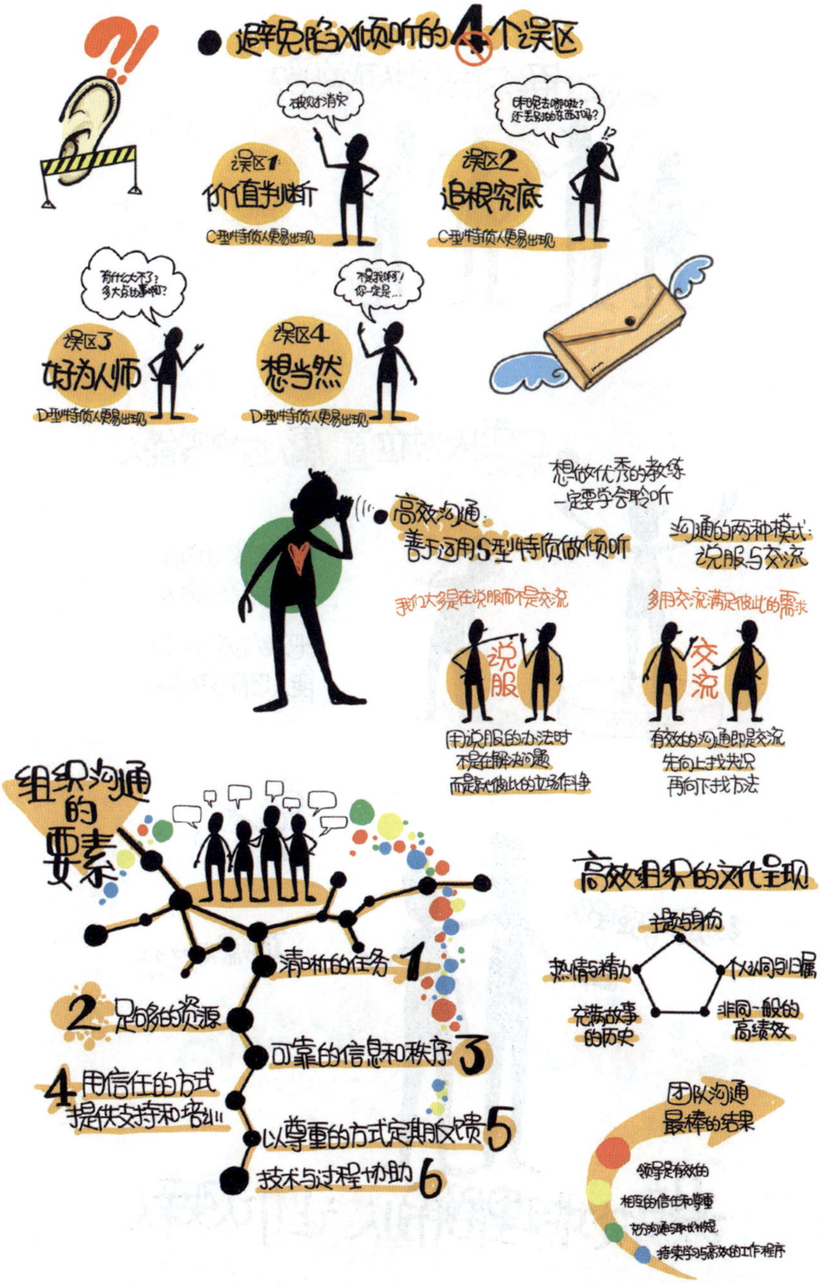

模块十一 领导力与团队建设：一个小实验和三个小故事

● 你了解你的团队成员吗？

● 只要放对位置，庸人也能变能人

设身处地理解别人，让仇人变亲人

模块十二 领导力与企业发展：携程四君子的故事

先君子，大家都是君子；后小人，我们没有小人

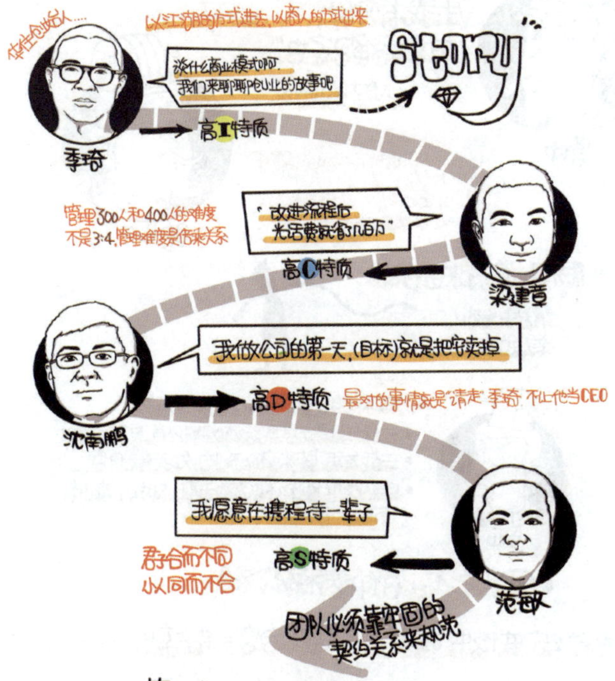

答企业家问：

在每一个阶段找到最合适的人

- 创业不一定要4个人，每个人身上都有D.I.S.C
- D.I.S.C是特质，没有好坏
- 不同情境下，调动自己的D.I.S.C

提醒：不要机械地套用

- 不要因为携程四君子的特质，就认为每家企业创业者都应该这样
- 在企业的不同发展阶段固然需要不同类型人才，但不是说每一个发展阶段都需要四种人才

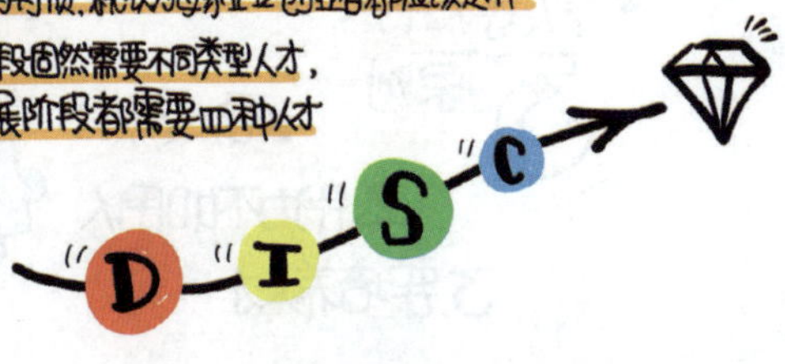

模块十三 领导力与事业兴衰：齐桓管鲍的故事

● 管鲍之交与桓管之谊

管仲

"生我者父母，
知我者鲍子也"

小时的好友

有的时候员工会很卖命，
因为领导的信任高到了一定程度，
放权到一定程度，
但是如果没有到达某个临界点，
则很难有相应结果

鲍叔牙

• 用人之道：知短用长

请君子，治小人
亲人知短，仇人用长

管仲

- 分财利多自与，鲍叔不以我为贪，知我贫也
- 三仕三见逐于君，鲍叔不以我为不肖，知我不遇时
- 三战三走，鲍叔不以我怯，知我有老母也
- 幽囚受辱，鲍叔不以我为无耻，知我不羞小节而耻功名不显于天下也

• 知人之术：管仲病榻论相

1.知臣莫若君 2.宁戚饭牛 3.易牙烹子 4.竖刁自宫 5.开方弃家 6.鲍叔牙不可为政

• 领导者必须具备的两种能力

影响力

发挥自己特质的优势
广种善因

整合力

形成的前提是看别人都要顺眼
广结善缘

• 领导人用人3原则

1.要人尽其才
2.用力不如用人
3.要培养人才

模块十四 领导力与家庭和谐：我与太太的相处之道

DISC平衡工作与家庭

我与太太的相处之道~